Heinz A. Richter

GRIECHENLAND

VON DER DEUTSCHEN BESATZUNG ZUR BRITISCHEN OKKUPATION

PELEUS

STUDIEN ZUR
GESCHICHTE GRIECHENLANDS UND ZYPERNS

HERAUSGEGEBEN VON HEINZ A. RICHTER

BAND 116

HARRASSOWITZ VERLAG WIESBADEN
IN KOMMISSION

VORMALS VERLAG FRANZ PHILIPP RUTZEN
WWW.RUTZEN-VERLAG.DE

Heinz A. Richter

GRIECHENLAND

VON DER DEUTSCHEN BESATZUNG ZUR BRITISCHEN OKKUPATION

2022

HARRASSOWITZ VERLAG • WIESBADEN
IN KOMMISSION

PELEUS
Studien zur Archäologie und Geschichte Griechenlands und Zyperns
Herausgegeben von Heinz A. Richter
Band 116

Umschlagvignetten:
Umschlagbild: Churchill und Damaskinos, dahinter sowjet. Oberst Popow, Macmillan, Eden
Gegenüber Titelblatt: Innenbild einer Schale des Peithinosmalers, Berlin, Pergamonmuseum (CVA Berlin 2, Taf. 61).

Bibliografische Information der Deutschen Nationalbibliothek
Die Deutsche Nationalbibliothek verzeichnet diese Publikation in der Deutschen Nationalbibliografie; detaillierte bibliografische Daten sind im Internet über http://dnb.dnb.de abrufbar.

Bibliographic information published by the Deutsche Nationalbibliothek
The Deutsche Nationalbibliothek lists this publication in the Deutsche Nationalbibliografie; detailed bibliographic data are available in the internet at http://dnb.dnb.de

Printed in Germany on fade resistant and archival quality paper (PH 7 neutral).
Gesamtherstellung: Beltz Bad Langensalza GmbH, Bad Langensalza

www.harrassowitz-verlag.de

ISBN 978-3-447-11882-8
ISSN 1868-1476

Inhalt

Ich widme dieses Buch meinem alten Freund

HANS HUMMEL

in Dankbarkeit für seine lebenslange Freundschaft

Der Zusammenbruch der Heeresgruppe Mitte und seine Folgen in Rumänien, Bulgarien und Griechenland

Wer immer sich mit griechischer Entwicklung von 1944 an befasst, kommt sehr rasch zur Erkenntnis, dass die militärische Entwicklug in West-Rußland eine zentral wichtige Rolle spielte. Es ist daher notwendig zuerst einen Blick auf diese zu werfen.

Am 22. Juni 1944 startete die Rote Armee die Operation Bagration und vernichtete in der darauf anschließenden Schlacht in den folgenden zwei Wochen die deutsche Heeresgruppe Mitte, was die Vernichtung von 21 Divisionen von insgesamt 300.000 Mann bedeutete. Die Vernichtung der Heeresgruppe Mitte verursachte ein riesiges klaffendes Loch von über 300 km in den deutschen Linien und erlaubte rasche sowjetische Vorstöße bis fast Ostpreußen und nach Warschau in Polen und in der Ukraine über Lvov hinaus.[1] Außerdem hatte die Sowjetunion klaren Zugang zum Schwarzen Meer, was die Briten beunruhigte, da im Falle des Durchbruchs zum Mittelmeer. Ihre Wasserstraße zum Suezkanal bedroht gewese wäre. Aber der Vertrag von Montreux verhinderte vorläufig die Passage von Bosporus und Dardanellen durch russische Kriegsschiffe. Ein direkter Zugang zum Mittelmeeer über Rumänien und durch Bulgarien war vorläufig ausgeschlossen.

Doch Rumänien war nicht länger bedingungslos mit Hitlerdeutschland verbündet. Als Hitler die dort stationiert Panzerdivision abzog, verstärkte sich der Ablösungsprozess. Rumänische Friedensfühler waren schon seit einiger Zeit ausgestreckt worden. Staatschef Antonescu beauftragte den rumänischen Gesandten Frederic Nanu in Stockholm, mit der russischen Gesandten Alexandra Kollontay Kontakt aufzunehmen, um herauszufinden, ob der Kreml bereit wäre einer Neutralisierung Rumäniens zuzustimmen. Eine Gruppe von Antonecu feindlich gesinnten Politikern, die über Kairo und Bern Kontakte zu den Alliierten hatten, wollte wissen, was die Reaktion auf den Sturz von Antonescu und einen Frontwechsel wäre.

Doch es gab schon weiterreichende Entwicklungen. Churchill hatte bei Stalin eine zeitweilige Arbeitsteilung vorgeschlagen, womit er die griechischen Kommunisten unter westliche Kontrolle bringen wollte.und die rumänischen unter russische. Roosevelt sträubte sich gegen diese Regelung, da er genau wie Hull etwas gegen Interessensphären in der Nachkriegszeit hatte. Doch Ende Juli 1944 kamen die großen Drei zu einer provisorischen Absprache, der die Sowjets zustimmten.[2]

Am 3. August besuchte Antonesu Hitler. Als Hitler ihn fragte, ob Rumänien an der Seite des Deutschen Reiches bis zum Ende marschieren werde, wich Antonescu aus. In der Tat wurde der Abfall von den Deutschen seit längerem von einigen Generälen vorbereitet. Am 21. August trafen sich einige von ihnen mit dem russische Marschall Timoschenko. Schon am Tag zuvor waren starke Verbände der sowjetischen "Zweiten Ukrainischen Front" in Rumänien bei Jassy eingedrungen. Gleichzeitig stieß die "Dritte Ukrainische Fron"auf Tiraspol vor. Überall wichen die rumänischen Truppen zurück und als sich Antonescu ihnen entgegenstellte, gelang es ihm nicht, sie gegen den Feind zu treiben. Als die Russen immer weiter vorstießen, war Marschall Antonescu einverstanden, dass ein Waffenstillstannd abgeschlossen werden sollte.

Am 23. August trafen sich Antonescu und König Mihal I. Der König ließ den Staatsführer

---

[1] Steven Zaloga, *Bagration 1944. The Destruction of Army Group Centre* (London: Osprey Publishing, 1996); Rolf Hinze, *Der Zusammenbruch der Heeresgrppe Mitte im Osten 1944* (Stuttgart: Motorbuch Verlag, 1994); Werner Haupt, *Heeresgruppe Mitte. Der Kampf im Mittelabschnitt der Ostfront 1944-1945* (Egolsheim: Dörfler Verlag, 2010).

[2] Hellmuth Günther Dahms. *Geschichte des Zweiten Weltkriegs* (Tübingen; Wunderlich Verlag, 1965), p. 709f.

und seinen Stellvertreter verhaften und übergab sie kommunistischen Delegierten, die von einem sowjetischen Agenten angeführt wurden. Als Hitler davon erfuhr, gab er sich ratlos. Der rumänische Rundfunk verkündete an diesem Tag, dass Rumänien mit den Alliierten Frieden geschlossen habe und sich im Kriegzustand mit Deutschland befinde Antonescu sei gestürzt und verhaftet worden und seine Nachfolger hätten die russischen Bedingungen akzeptiert, vor allem einen sofortigen Frontwechsel in diesem Krieg.[1] Wenige Tage später besetzten die Russen das Erdölgebiet von Ploesti.[2]

Schon am 23. August hatte das Oberkommando der Heeresgruppe "Südukraine" erkannt, dass nur ein Rückzug die Truppen von der Vernichtung retten konnte und erteilte eine entsprechende Weisung.. Doch diese Weisung kam zu spät. Damit war die Schlacht um Rumänien beendet. Der Verlust dess Erdölgebietes war für Deutschland keine Katastrophe mehr, denn inzwischen wurde in Deutschland syntethisches Benzin aus Kohle in Mengen hergestellt. Die deutschen Verluste waren hoch, sie beliefen sich auf 6 Korps mit 18 Divisionen - etwa 250.000 Mann.[3]

Als Rumänien kapitulierte veranlasste dies Bulgarien, sich um einen Friedensschuss mit Großbritannien und den USA zu bemühen. Zwar hatte sich Bulgarien nicht am deutschen Feldzug gegen Rußland beteiligt, aber man war dort beunrhigt, denn man wusste nicht, was die Sowjetunion von dieser Neutralität hielt. In der Tat befriedigte Bulgariens Bereitschaft, einen Waffenstillstand mit den Westmächten zu schließen, die Russen nicht und sie erklärten am 5. September den Bulgaren den Krieg und griffen Bulgarien von Osten und Norden an. Dieser Angriff war eine Art Spaziergang für die Russen, denn die bulgarische Rregierung befahl ihren Truppen, keinen Widerstand zu leisten. Zugleich erklärte sie Deutschland den Krieg. Damit war die zweite russische südliche Flanke frei. Die Deutschen konnten sich nur zurückziehen.[4]

Zugleich erreichte die Rote Armee das Mittelmeer, denn die sowjetische Regierung hatte zugestimmt, dass Bulgarien die ihm 1941 von den Deutschen zugestandenen griechischen Gebiete von Ostmakedonien und Westthrakien behielt. Nur Griechenland selbst und Jugoslawien waren vorläufig noch in deutscher Hand. Doch deren Lage war kritisch, denn es drohten russische Angriff aus dem Osten.

In Griechenland stand die Heeresgruppe E mit den Verbänden Ostägäis, (Kleeman) Festung Kreta (Müller), dem 68.Korps (Felmy), und dem 22. Gebirgsarmeekorps (Lanz) sowie einigen kleineren Marine und Luftwaffeneinheiten. Unter dem Eindruck des Zusammenbruchs von Rumäniens befahl Hitler am 1. September den Rückzug vom Balkan,[5]

Es besteht kaum Zweifel, dass die Truppen, die auf dem griechischen Festland stationiert waren, den Rückzug erfolgreich hätten durchführen können, aber wie sollte die Besatzung von Kreta aufs Festland kommen, da sowohl das Meer als auch die Luft durch die britischen Gegner beherrscht wurden. Die Frage lautete daher, wie würden sich die Briten verhalten? Würden sie den Abzug der deutschen Truppen tolerieren oder die Abziehenden angreifen. Die Antwort ist verblüffend.

Die Briten betrachteten Kreta bzw. Griechenland als Station ihrer maritimen Route durch Mittelmeer nach Indien. Die erste Station war Gibraltar und seit dem italienischen Seitenwechsel war Sizilien die nächste Station. Die dritte Station war die griechische Welt. Diese

---

1 Liddell Hart,*Geschichte des Zweiten Weltkriges* (Gütersloh: Reinhard Mohn, 1972), p.218.
2 Dahms, *op.cit.*, p. 713.
3 *Ibidem*, p. 715.
4 Liddell Hart, *op.cit.*, p. 727.
5 Dahms *op. cit.*,p. 717

wurde zum ersten Mal in Frage gestellt, als die Rote Armee das Schwarze Mehr erreichte. Doch da gab es das Hindernis des Meerengen-Vertrags von Montreux. Russische Kriegsschiffe konnten nur mit Zustimmung der Türkei die Meerengen von Bosporus und Dardanellen passieren. Ob die Türkei deswegen einen Konflikt mit der Sowjetunion riskieren würde, war nicht definitiv zu beantworten, aber ein Forcierung der Meerengen war nicht ausgeschlossen. Als die Sowjetunion über Bulgarien ans Mittelmeer geriet, war eine russische Einmischung im Mittelmeer eher möglich. Dadurch wäre aber die britische Kontrolle des griechischen Seeraums fraglich geworden.

Doch seit Hitlers Befehl, den Balkan zu räumen, war es klar, dass die deutschen Truppen die griechischen Inseln und das Festland räumen mussten, um sich weiter nördlich in Jugoslawien den Russen entgegenzustellen. Im Wesentlichen ging es um drei Regionen, die geräumt werden mussten: Die Inseln, Attika und Athen und Epirus. Die werden in den nächsten drei Kapiteln beschrieben.

Die Räumung der griechischen Inseln

Im Sommer 1944 waren 70.000 Mann in Kreta; in Rhodos und auf den anderen Inseln befanden sich 23.000 Mann. Zwischen Mai und Juli hatten britische See- und Luftstreitkräfte den Seeverkehr mit Kreta fast völlig unterbrochen. Im Juli gingen 5.364 Tonnen verloren. Im August wurden 752 t versenkt. Zwischen dem 25. August und 15. September wurden 7.209 Mann, 1.281 Pferde und Esel, 91 Kanonen, 2 Panzer, 256 LKWs und 934 andere Fahrzeuge per Schiff aufs Festland verbracht.[1] Eine große Zahl von Soldaten wurden mit einer zunehmenden Zahl von Ju 52 ausgeflogen. Die Luftwaffe flog 69.000 Mann von Kreta aus und 17.000 von Rhodos und anderen Inseln, Bis zum 15. September wurden große Teile der 22. Div., und der Sturmdiivision von Rhodos sowie große Teile de Festungsbrigade von Leros nach Athen gebracht. Am 12 September waren die Inseln Lesvos, Samos, Chios und Limnos und alle ionischen Inseln evakuiert. Die 22. Infanterie-Division wurde nach Saloniki gebracht, wo sie Stellung an der Roupel-Enge bezog gegen möglich Angriffe aus Bulgarien. Am 21. September war die Peloponnes völlig evakuiert.[2]

Der Archäologe Roland Hampe beobachtete die Antransporte in Athen: *"Täglich trafen See- und Lufttransporte von den Inseln des Ägäischen Meeres ein, die nach kurzer Zwischenstation in Athen nach Norden weitergeleitet wurden. Anfangs wurden die Transporte von den Briten unbehelligt gelassen. Die Truppen, legten den sonst so gefahrvollen Sprung übers Meer ohne Verluste und mit vollerr Ausrüstung zurück. Soldaten eines Seetransportes berichteten etwa, dass sie von britischen Jägern umflogen wurden, ohne beschossen zu werden. Luftkonvois, die aus Ju 52 bestanden und nur durch ein bis zwei Arado-Wasserflugzeuge ganz ungenügend gesichert waren wurden, wurden von britischen Beaufightern umkreist, aber nicht angegriffen. Man hatte den Eindruck, den Briten sei daran gelegen, möglichst starke deutsche Kräfte nach dem Nordbalkan gelangen zu lassen, um dort den russischen Vorstoß aufzufangen und einen russischen Durchbruch nach der Adria nöglichst zu verhindern,"*[3]

In der Tat behelligten die Briten trotz großer Überlegenheit ihre See- und Luftstreitkräfte die deutschen Absetzbewegungen von Kreta in keiner Weise. Innerhalb von zwei Wochen wurde so die Besatzung Kretas weitgehend nach Attika gebracht. Am 13. September notierte der Verantwortliche für das Kriegstagebuch des OB Südost erstaunt und zufrieden, dass *"das*

---

1 Lars Baerentzen, "Anglo-German Negotiations during the German Retreat from Greece in 1944" *Scandinavian Studies in Modern Greek" 4 (1980), p 27.*

2 Heinz Richter, *Griechenland zwischen Revolution und Konterrevolution* (Frankfurt: EVA, 1971), p. 465.

3 Roland Hampe, *Die RettungAthens im Oktober 1944* (Wiesbaden: Franz Steiner Verlag, 1951), p. 17f.

Verhalten der englischen See- und Luftstreitkräfte als bewusste Zurückhaltung angesprochen werden muß."[1] Das Kriegstagebuch des OKW schrieb, *"dass von einer einglischen Einwirkung gegen die Rückführung kaum etwas zu bemerken war."*[2]

Am 15.September endete die britische Zurückhaltung, als die RAF etwa die Hälfte der Ju 52 auf den Flugfeldern von Athen zerstörte. Am folgenden Tag nahm die Zahl der Angriffe der britischen Royal Navy auf die deutschen Seetransport beträchtlich zu. Die deutsche Seite brachte neue Ju 52 Transporflugzeuge nach Griechenland, die von nun nur noch bei Nacht flogen. Nach den Angaben des Kriegstagebuch des OKW fanden täglich 100 Flüge statt. Die Verluste durch die Briten blieben niedrig.[3] Hampe schrieb. *"Man hatte den Eindruck, den Briten sei daran gelegen, möglichst starke deutsche Kräfte nach den Nordbalkan gelangen zu lassen, um dort den russischen Vorstoß aufzufangen und einen russischen Durchbruch nach Athen möglichst zu verhindern."*[4] Hampes Vermutung war richtig, aber die wirklichen Hintergründe waren doch interessanter.

Auch Albert Speer berichtet in seinen Memoiren, wenn auch erheblich ungenauer *"Ich erinnere mich an einen einzigen Fall, wo Hitler schweigend, wenn auch widerwillig einer Vereinbarung mit dem Gegner zugestimmt hat, Im Spätherbst 1944 waren die deutschen Truppen auf den griechischen Inseln durch die britische Flotte von jeder Verbindung mit dem Festland abgeschnitten worden. Trotz der absoluten Seeherrschaft der Briten konnten die deutschen Einheiten ungestört auf das Festland verschifft werden, zum Teil waren sie auf Sichtweise an den britischen Schiffseinheiten vorbeigefahren. Als Gegenleistung hatte die deutsche Seite, mit Hilfe dieser Truppen Saloniki so lange vor den Russen zu halten, als es von britischen Kräften übernommen werden konnte. Als diese Aktion, die Jodl vorgeschlagen hatte, beendet war, erklärte Hitler: 'Da war das einzige Mal, dass wir uns auf so etwas einließen.'"*[5]

Speers Darstellung der Einzelheiten sind weit von der Realität entfernt, aber seine Feststellung, dass es ein Abkommen gab, stimmt und darf als überzeugender Beleg für diese Übereinkunft akzeptiert werden. Die Briten wollten einen Machtwechsel in Athen und nicht in Saloniki. Die deutschen Truppen in Saloniki sollten die Russen daran hindern, nach Athen vorzustoßen. Speer scheint wirklich nur oberflächlich informiert gewesen zu sein.

Der wirklich Machtwechsel kam erst am 9. Oktober, als Churchill und Stalin das berüchtigte Prozentabkommen unterzeichneten. Von da an war Griechenland in der britischen Einflußsphäre. Über das sog. Prozentabkommen wird in einem späteren Kapitel berichtet werden.

Der Machtwechsel in Athen

Wie bereits erwähnt, befahl Hitler am 1. September 1944 den Rückzug vom Balkan. Es darf angenommen werden, dass damit auch jene Zerstörungsbefehle für alle lebenswichtigen Anlagen beim Rückzug verknüpft waren.[6] Hampe berichtet, dass dies im Generalkommando als Gerücht kursierte. Er fragte General Felmy, ob ein solcher Befehl tatsächlich bestehe und ob er auch auf Athen Anwendung finden solle. Felmy gab eine ausweichende Anwort, indem er sagte, dass er seit seiner Schulzeit eine besondere Hochachtung und Liebe für Griechenland besitze, dass er daher keine Neigung habe Athen zu zerstören. Als Hampe ihn fragte, wie er

---

1 OB Südost, Ic, AO 7356/44 gKdos zitiert nach: Hagen *Fleischer, Im Kreuzschatten der Mächte Griechenland 1941-1944* (Franfurt: Peter Lang, 1986), p. 525.

2 KTB OKW, p. 718

3 KTB OKW, p. 719.

4 Hampe, *op.cit.*, p. 18.

5 Albert Speer, *Erinnerungen* (Frankfurt: Ullstein, 1969), p. 409

6 Hampe, *op. cit.*, p. 23.

darum herumkommen wolle, sagte Felmy, dass man Athen zur offenen Stadt erklären müsse. Voraussetzung dafür wäre ein kampfloser Abzug aus Athen. Dieser war nur durch eine vorangehende Kontaktaufnahme mit der Athener Führung möglich.[1] Welches Risiko Felmy einzugehen bereit war, zeigt das in absentia ausgesprochene Todesurteil gegen den ehemaligen Kommandanten von Paris, General von Choltitz.

Doch Felmy allein konnte den Kontakt mit der Athener Führung nicht herstellen, da er kein Griechisch sprach. Aber in seiner Umgebung befanden sich zwei Archäologen, die griechisch sprachen und Kontakte zu Athener Oberschicht hatten. Es waren dies Roland Hampe, später Professor in der Universität Heidelberg und Ulf Jantzen später Archäologieprofesssor an der Universität Hamburg.

Hampe hatte 1937 zusammen mit Jantzen die von Hitler geförderte Ausgrabung von Olympia geleitet. Im selben Jahr heiratete er Eleni Dragoumi, die aus einer sehr bekannten Politikerfamilie stammte. 1938 kehrte er nach Deutschland zurück und wurde bei Kriegsanfang zur Wehrmacht eingezogen. Seine Habilitation legte während eines dreitägigen Sonderurlaubs ab. Mit dem Hinweis auf seine Griechischkenntnisse wurde er nach Griechenland versetzt.. Dort war er zunächst als Dolmetscher und Übersetzer tätig. 1942 war er ein Jahr in Kreta. Später war er genau wie Jantzen dort als Kunstschützer tätig. Er stoppte einige illegale Ausgrabunegn der Wehrmacht und brachte den Inhalte des zerstörten archäologischen Museum in der leer stehenden Moschee unter. Jantzen erwischte General Müller dabei, eine aus Samos geklaute Statue, nach Trier zu schicken, konfiszierte sie und übergab sie dem Athener Nationalmuseum, von wo sie nach dem Krieg nach Samos zurückkehrte.

1944 wurden beide nach Athen versetzt, wo sie in der letzten Phase der deutschen Besatzung in der Frontaufklärungseinheit arbeiteten. Bis zum Abzug werteten sie Zeitungen und Flugblätter des Widerstandes aus. Diese enthielten Informationen über die Aktivitäten der Resistance und der Exilregierung und der Exilstreitkräften. Hampe schrieb darüber einen Bericht, den er dem Ic (Feindaufklärungsoffizier) des 69. Korps Mitte August übergab. Der Ic war von Hampes Kenntnisen beeindruckt und übergab den Bericht Felmy, der sofort ein Treffen mit Hampe befahl.

Hampe empfahl ein Treffen mit wichtigen Persönlichkeiten, die weder der Resistance noch der Kollaboration angehörten. Ein Treffen mit dem Kollaborationsministerpräsidenten würde nur die Resistance provozieren. Ein Treffen mit einem Führer der Resistance war ausgeschlossen, da diese alle links waren. Daher empfahl Hampe Kontakt mit Erzbischof Damaskinos und dem Führer der Liberalen Themistoklis, die auf allen Seiten hoch angesehen und neutral waren. Nur er konnte diese über seine Familienverbindungen kontaktieren. Felmys normaler Chefübersetzer, Stadtmüller, wusste zwar eine Menge über Griechenland aber hatte keine persönlichen Beziehungen. So war Hampe der einzige, der für Felmy verhandeln konnte. Nur über seine Verbindungen würde es möglich sein, Athen zur "offenen Stadt" zu erklären. Felmy instruierte Hampe, Kontakt mit all jenen aufzunehmen, über die dies erreicht werden konnte..

Felmys erste Aktion war, die Befreiung einer Reihe von politischen Häftlingen des SD aus dem berüchtigten KZ Chaidari; unter ihnen befandsn sich Themistoklis Sofoulis, Georgios Kafandaris und Stylianos Gonatas,[2] Felmys erster Kontakt mit einem griechischen Politiker war der mit Pangalos. Dieser wollte den Kollaborationsministerpräsidenten Rallis noch vor dem deutschen Abzug stürzen; falls die Deutschen dies ablehnten, wollte er unmittelbar nacch ihrem Abzug einen Putsch durchführen. Er versuchte Felmy dafür zu gewinnen. Felmy mel-

---

[1] *Ibidem*, p. 24.
[2] *Ididem*, p. 38.

dete diesen Vorschlag der Heeresgruppe E und bat um Weisung. Die Antwort war ablehnend. Pangalos solle hingehalten werden.[1] In der Tat gelang es Felmy, Pangalos bis zum Abrug hinzuhalten.[2]

Weder die Heeresgruppe noch Felmy konnten an einer Aktion von Pangalos ein Interesse haben, da dessen Verbindungen zu den kollaborierenden Sicherheitsbataillonen (Tagmata Asfaleias), sofort eine Gegenreaktion der EAM/ELAS provoziert hätte, was ein Eingreifen der Wehrmacht zur Folge gehabt hätte, und eben dies sollte vermieden werden.

Mitte September führte Felmy ein Gespräch mit Erzbischof Damaskinos. Der Erzbischof bat Felmy, in Athen keine Zerstörungen vornehmen zu lassen, besonders den Stausee von Marathon nicht zu sprengen. Felmy foderte als Gegenleistung, das Einwirken von Dmaskinos auf die Partisanen, dass keine Übergriffe vorkämen. Dieser verspach sein Möglichstes zu tun und Felmy ließ am folgenden Tag die Sprengladungen aus dem Staudamm entfernen.[3] Auch die Freilassung der SD-Gefangenen, besonders von Sofoulis, wirkte sich positive aus. da auch dieser sich bereit erklärte, mäßigend auf seine Anhängerschaft einzuwirken. Wie realistisch Sofoulis die Situation einschätzt, geht aus einem Gespräch hervor, das Hampe überliefert hat. *"Man darf sich nicht darüber täuschen, dass in Grieehenland auf die deutsche Besatzung eine andere folgen wird; die englische."*[4]

Schon Anfang September hatte man auf deutscher Seite dies erkannt: Am 2. September 1944 berichtete der OB Südost und Chef der Armeegruppe F, Feldmarschall von Weichs über die Lage in Griechenland: Die griechische kommunistische Partei beabsichtige die Macht in Griechenland zu übernehmen, sobald die Wehrmacht abgezogen sei. *"Nach vorliegenden Meldungen und tatsächlichem englischen Verhalten gegenüber nationalistischen griechischen Kräften ist sicher, dass England diesen Machtkampf mit dem russischen Einfluss nicht ausweichen, sondern kommunistischen Absichten zuvorkommen will. In diesem Sinne ist es vitales englisches Interesse die jetzt von Deutschland besetzten Schlüsselpositionen Griechenlands in die Hand zu bekommen, Ohne dass ein zeitliches Vakuum entsteht, das kommunistischen Banden die Möglichkeit zum Umsturz bestehender Ordnung und Besetzung vor griechischen Kommunisten oder auch Russen fest in die Hand zu bekommen, ohne dass ein zeitliches Vakuum entsteht, das kommunistischen Banden Möglichkeit zum Umsturz bestehender Ordnung und Besetzung vor den Engländern geben würde. Notwendigkeit Griechenland im Fall deutscher Räumung vor griechischen Kommunisten oder auch Russen fest in die Hand zu bekommen, ist treibendes Moment für alliiertes Oberkommando Mittlerer Osten in Kairo und erklärt gemeldetes Gesprächsangebot des Obersten Tom bei Zervas und Fühler über griechische nationale Kanäle in Athen uns über eine Räumung Zug um Zug herbeizuführen.. nach Gesandten Neubacher vorliegenden politischen Meldungen hält dieser Möglichkeit eines zunächst informativen Gespräche mit englischem Beauftragten für gegeben. Von rein militärischen Erwägungen moglichster Erhaltung von Menschen und Materialien Hinblick auf Gesamtlage vordringlichem Einsatzt in mazedonischen, serbischen und Donauraum ausgehend,würde ich derartiges Gespräch für nützlich halten und es begrüßen. Eine Abrede würde unsererseits zur Voraussetzung haben, dass Gegenseite sich mit planmäßiger Zerstörung aller Verkehr-*

1 Okdo H. Gr. E, Ic AO Nr. 2871 Kdos vom 3. 9. 44, aus: Microfilm 61 727

2 Hampe, op.cit., p. 36.

3 *Ibidem*, p. 31 und Aussage Felmy *Fall 7, Sitzungsprotokoll*, p. 6983; ähnlich ordnete Felmy auch nur die symbolische Sprengungen im Elektrizitätswerk an. Vgl. *Fall 7, Dok. Buch III, Felmy, Affidavit Escher*, p. 16 und Hampe, *op.cit.*, p. 106f.

4 Hampe, *op. cit.*, p. 40

einrichtungen als Sicherung gegen Nachstoß motorisierter Feindkräfte abfinden muß."[1]

In der zweiten Septemberhälfte verließ auch der SD Athen, nachdem er seine Dolmetscher erschossen hatte. Felmy gewann damit noch mehr Spielraum. Sein Sonderbeauftragter Hampe trat dabei mit Gruppen jeglicher politischer Färbung in Verhandlungen. Gonatas und Nikos Bakopoulos, der Vertreter von Kafandarissicherten ihre Unteerstützung zu.[2] Sogar mit der ELAS gelangte man zu einer Übereinkuft: Sarafis ließ ein Flublatt verteilen mit der Aufforderung, die Deutschan nam Abzug aus Griechenland nicht zu hindern und gewaltsame Aktionen gegen die Wehrmacht zu unterlassen. Auch Siantos schloss sich anscheinend dieser Einstellung an.[3] Nur die Vertreter der griechischen Rechten, Zalokostas und Akritas waren nicht zur Kooperation bereit. Hampe forderte sie auf, mit dazu beizutragen, dass die deutsche Wehrmacht ungehindert abziehen könne und Athen unzerstöt bleibe. "*Wenn Kamfhandlungen im Umkreis der Stadt ausbrechenn, dann wird Athen und wird auch Piräus nicht zu retten sein.Sind nicht schon genug Ortschaften in Griechenland zerstört worden, nicht schon genug Menschen ums Leben gekommen? Wenn beim Rückzug aus Griechenland noch einige deutsche Soldaten fallen, sowird das im Vergleich zu den großen Verlusten an der Ostfront keine Rolle i Gesamtverlauf spielen. Aber Ihnen kann es nicht gleichgültig sein, ob die griechische Hauptstadt, das einzige, was Griechenland noch unzerstört besitzt, erhalten bleibt oder auch zerstört wird. Die Befehle zur Zerstörung liegen vor. Wir können sie nicht ändern. Wir können nur versuchen, ihre Durcführung zu umgehen. Der gute Wille bei General Feelmy ist vorhanden.An Ihnen wird e sliegen, ob es gelingt oder nicht.*"[4]

Man wollte Hampe nicht verstehen und antwortete mit einem Schwall nationalistischer Redensarte, die in folgenden Worten gipfelte: "*Wir wollen in Athen nicht an Opern hinter dem Land zurückstehen. Wenn die DeutschenAthen zerstören, so wird dies ein Opfer auf dem Altar der Freheit sein, nicht nur die Freiheit Griechenlands, sondernder ganzen Welt.*"[5]Unter solchen Umständen konnte man kein Eivernehmen erzielen.

Bei einem zweiten Gepräch zwischen Damaskinos und Felmy wurde über die Wachablösung gesprochen, die möglichts übergangslos ohn Machtvakuum vor sich gehen sollte. Zu diesem Zweck sollte Damaskinos entsprechende Kontaktezu den Engländern aufnehmen. Für den Fall, dass die Briten nicht mitspielen wollten, beabsichtigte Felmy, Athen einseitig zur offenen Stadt zu erklären.[6] Kontakte über schweizer und schwedischen Diplomaten erbrachten auch keine Resultate. Auch Hampes Versuch mit dem vorausgesandten Minister der Exilregierung, Themistoklis Tsatsos Verbindung aufzunehmen, scheiterte ebenfalls.[7] Da inzwichen die Zeit vorgerückt war, erklärte Felmy am 10. Oktober zur Offenen Stadt, nachdem er vom Wehrmachtsführungsstab dazu ermächtigt worden war.[8] Am 12. Oktober verließen die letzten deutschen Truppen Athen. Wenig später kam es zu der von Neubacher vorausgesagten Konfrontation.

---

1 OB Südost (Okdo H. Gr. F) Ic/AO Nr.56/44 g. K. Chefs. Micro film 66.142 Über das Gesprächsangebot von Tom Barnes handelt das nächste Kapitel.

2 Hampe, *op. cit.*, p. 67f.

3 Stefanos Sarafis, *in den Bergen von Hellas* (Berlin, Ost: 1964), p. 397.

4 Hampe, *op. cit.*, p. 59

5 *Ibidem*, p. 64.

6 *Ibidem*, p. 82.

7 *Ibidem*, p. 90.

8 *Ibidem*, p. 95.

Lanz, Zervas, Barnes und die Evakuierung von Epirus[1]

General Hubert Lanz kam Anfang September 1943 in Ioannina an. Wenige Tage später berief er eine Versammlung von 30 lokalen Notabeln ein. Er sagte ihnen, dass er auf Befehl gekommen sei, aber keine bewaffneten Zusammenstöße wollte. Natürlich wusste er von Zervas Partisanengruppe, aber er wollte keine Zusammenstöße. Er hoffte, dass Bischof Spiridon von Ioannina dazu beitragen könne, dass es zu keinen blutigen Kämpfe komme.[2]

Lanz betrachtete den Partisanenkrieg als unsoldatisch, da die Zivilisten am meisten leiden würden. Deshalb versuchte er ein Stillhalteabkommen mit dem Führer der nationalen Partisanen zu erwirken. Er war jedoch bereit, die linken Partisanen zu bekämpfen. Lanz war kein Nazi, sondern ein Konservativer und Antikommunist. Er wusste, dass Zervas ein Antikommunist war und nahm an, dass er ein konservativer Soldat war, mit dem man reden konnte. Er begriff nie, dass Zervas ein prinzipienloser Opportunist war. Für diese Fehleinschätzung musste er später bitter bezahlen.

Ende September 1943 befahl Lanz seinem Nachrichtenoffizier Gebhard von Lenthe mit Zervas Kontakt aufzunehmen, und informierte die Heeresgruppe E, dass er mit Zervas ein Abkommen schließen wollte. Das Oberkommando der Wehrmaacht sagte, dass dies nur Sinn mache, wenn Zervas kapituliere und die Waffen seiner Partisanen an das Korps abliefere. Die Heeresgruppe E kritisierte Lanz, weil er sich in die Politik einmischte.[3] Die nächste Verhandlungsrunde begann Mitte Dezember als im Bürgerkrieg zwischen ELAS und EDES letztere aus der Tsiumerka vertrieben wurde und hinter den Arachthos-Fluss zurückgetrieben wurde. Zervas befürchtete einen zusätzlichen Angriff der Deutschen aus seinem Rücken und nahm daher Kontakt mit den Deutschen auf. Über einen EDES-Offizier bot Zervas Zusammenarbeit an und fragte nach den Bedingungen. Lanz gewann den Eindruck, dass Zervas' Angebot seriös war. [4]

Aus dem Signalheft der Britischen Militärmission (BMM) im Hauptquartier von Zervas geht ein anderer Kontakt hervor. Der lokale BLO (British Liaisson Officer), Tom Barnes, sandte am 17. Dezember folgenden Bericht nach Kairo: *"From Barnes ... Interviewed Christodoulos Dec. 16th. He stated Quote: HUNS interrogated him ref. Military mission and EDES forces. They are anxious obtain cessation hostilities. HUNS and EDES both are fighting COMMUNISM. HUNS offered help against ELAS, He was returned to Yanina in order proceed ZERVAS and arrange secret meeting ZERVAS and HUNS senior oficerr in mufti. Zervas will not parley with HUNS in any form. ... Feel convinced Zerva playing clean game with us and rumours are product of GERMAN propaganda fostered by EAM."*[5]

In den nächsten Tagen kam es zu erneuten Kontakten zwischen der Führng des 22. Korps und Zervas. Man versprach sich gegenseitig keine Angriffe. Zervas bat um ein Treffen mit deutschen Offizieren am 18. Januar 1944. Dieses Treffen sollte strikt geheim gehalten weden. Man wollte über gemeinsame Angriffe auf die Kommunisten sprechen. Barnes berichtete darüber nach Kairo: Die Deutschen machten Propaganda für Zervas. Das 22. Korps meldete dies am 4. Januar an die Heersgruppe E. Der Ic der Heeresgruppe stimmte dem Treffen zu, warnte aber, dass Zervas mit Vorsicht behandelt werden sollte, da voll von den Briten abhän-

[1] Eine detaillierte Beschreibung der Ereignissein englischer Sprache findet sich in: Heinz A. Richter, "Lanz, Zervas, the BLOs and the Evacuation of Epirus", in Idem, *Greece 1936-1946. Events and People* (Wiesbaden: Harrassowitz, 2019), pp. 137-163

[2] Interview des Autors mit Lanz

[3] *Ibidem.*

[4] Funkspruch Nr, 4872 = 104. Jägerdivision an XXII Geb. A.K. Nr. 1005/43 gKdos vom 13. Dezember 1943.

[5] Telegramm Nummer 521/17. Eine Kopie des Originals ist in meinem Besitz.

gig sei.[1]

Im Januar griff Zervas die ELAS an, die mit einem Gegenangriff antwortete und die EDES wieder zu Arachthos zurücktrieb und die EDES darüber hinaus verfolgte. Wenn die ELAS weiter vortsiße, drohte die Zerschlagung der EDES. Zervas begriff dies und zog sich auf das von den Deutschen kontrollierte Geiet weiter östlich zurück. Die Existenz der EDES hing vom guten Willen des XXII. Korps ab. Da Zervas die ELAS für die größeren Feinde betrachtete, nahm er Kontakt mit den Deutschen auf. Am 31. Januar erschien der EDES-Offizier Sarandis mit einem Brief von Zervas.

Darin schlug Zervas vor: keine Feindseligkeiten von nun an. Kooperation im Kampf gegen die kommunistischen Banden. Von nun an werde Zervas die Deutschen durch einen Verbindungsoffizier über die Position der ELAS-Einheiten informieren. Es müsse absolute Geheimhaltung eingehalten werden, dennn sonst verliere er den allierten Nachschub. Er beabsichtige die ELAS in der Region Agnanda Pramanta am 3. Februar anzugreifen und hoffe, dass die Deutschen gleichzeitig vom Metsovos-Pass angreifen würden.[2] Die 104 Jäger-Division und das XXII. Korps stimmten zu und am 3. Februar kam es zu einem koordinierten Angriff mit der EDES auf die ELAS. Der Angriff derr EDES wurde auf britische Initiative hin durch einen Waffenstillstand beendet. Auf der ELAS-Seite begriff man, dass solange die Deutschen in Epirus waren, eine Vernichtung der EDES ausgeschlossen war.[3] Ohne Lanz' Eingreifen wäre die EDES wohl zerschlagen worden.

Zervas' Angebot wurde vom XXII. Korps an die Heeresgruppe E weitergeleitet, die ihrerseits am 4. Februar Neubacher informierte. Dieser stimmte den Verhandlungen mit Zervas zu. Am 9. Februar wurde das XXII. Korp informiert, dass ein generelles Abkommen mit Zervas ausgeschlossen sei. Aber als Lokaler Partisanenführer sei er bedeutsam. Seine Existenz verhindere ein weiteres Vorrücken der ELAS auf die Straße von Ioannina nach Arta. Gemeinsame Aktionen gegen die ELAS seien möglich. Ein Gentlemen-Agreement mit folgendem Inhalt sei jedoch denkbar:

Ein stillschweigender Waffenstillstand. Austausch von Informationen über die ELAS. Im Falle eines ELAS-Angriffs auf Zervas' Gruppe, könne das Korps zur Hilfe kommen. Absolute Geheimhaltung, so dass Zervas die Unterstützung der Alliierten nicht verliere.[4] Dieses informelle Abkommen wurde bis zum Frühsommer 1944 eingehalten. Es ermöglichte Lanz, mit einer Division Epirus zu halten und die ELAS zu bekämpfen.

Die Angriffe der ELAS gingen dennoch weiter, aber auch die EDES wurde angegriffen, da man eine britische Landung im Westen befürchtete. Aber diese erwies sich als Gerücht. Durch die deutsche Unterstützung der EDES kam fast ganz Epirus unter Zervas Kontrolle, Auf einer Konferenz mit Zervas und Barnes kündigte letzterer die Ankunft britischer Truppen an.[5]

Am 18 September begann die Räumung von Epirus durch den Abzug der 104. Jäger-Division und der Räumung von Korfu. Am 22. September war Westgriechenland bis zum Pindus von der Wehrmacht aufgegeben. Tom Barnes unterbreitete Gesprächsangebote über einen sukzessiven Abzug. Zervas wollte mit der EDES nach Athen marschieren,

Die Truppen von Lanz zogen immer weiter nach Norden in Richtung auf Jugoslawien. Am 15. Oktober verließen Lanz und die letzten Einheiten des XXII Korps Ioannina, Entgegen

---

1 Generalkommando XXII. Geb. A.K./Ic Nr 008/44gKados and Heeresgrppe E: Oberkommando Heeresgrupp E/Ic/A.O. Nr. 16/44 gKdos an XXII Geb. A.K.

2 General von Ludwiger, 104 Jäger-Division an XXII. Geb. A. K.am 1. Februar 1944.

3 Sarafis, *op. cit.,* p. 238f.

4 Generalkommando XXII. Geb. A.K.Ic Nr.431/44 am 3. März 1944.

5 Nigel Clive, *A Greek Experience 1943-1948* (Salisbury:MichaelRussell, 1985), p. 106.

Hotlers Befehl wurde nichts zerstört. Was nicht leicht transportierbar war, überließ man Zervas, also Waffen und Munition. Damit wurde die EDES zunächst immer stärker und konnte der EAM-/ELAS die Stirn bieten. Doch nach ihrem Marsch nach Athen und der Teilnahme an den Dezember-Kämpfen dort, war die EAM/ELAS in Epirus wieder die stärkste Kraft.

EAM/ELAS: Die linke Resistance in Griechenland

Um die spätere Entwicklung im Dezember 1944 zu verstehen, ist es notwendig einen Blick auf die Entwicklung der griechischen Resistance zu werfen. Es gab drei Widerstandsbewegungen: EAM/ELAS, EDES und EKKA. Da die beiden Letzteren in der Dezemberperiode keine Rolle spielten, wollen wir uns auf die auf die Entwicklung der EAM/ELAS konzentrieren.

Am 27. September 1941unterzeichneten die Vertreter der KKE der SKE (Sosialistiko Komma), der ELD (Enosis Laikis Dimokratias) und der AKE (Agrotikon Komma Ellados) das Statut der EAM. Die AKE war ein Ableger der KKE. Die beiden anderen Parteien waren unabhängige linke Parteien. Die wichtigsten nichtkommunistischen Führer waren Ilias Tsirimokos (ELD) und Dimitrios Stratis von der SKE. Die EAM war auch bereit, weitere Gruppierungen aufzunehmen, vorausgesetzt sie setzten sich für den Befreiungskampf und die Ziele der EAM ein. Die Ziele der EAM-Parteien waren die Befreiung und die volle Unabhängigkeit, die Bildung einer provisorischen Regierung nach der Befreiung, die Wahlen für eine konstituierende Versammlung auf der Basis des Verhältniswahllrechts. Das griechische Volk sollte frei über seine Staatsform entscheiden können. Entgegengesetzte Tendenzen waren zu bekämpfen.[1]

Die Ziele der EAM wurden ein Jahr später durch Dimitrios Glinos in einem zündenden Pamphlet zsammengefasst, das in seiner verständlichen Sprache weite Verbreitung und gr0ßen Widerhall fand. Sein Titel lautete: *"Was ist und was will die nationale Befreiungsfront." Das Pamphlet schloss mit folgendem Aufruf: "Derr Kampf ist vielgestaltig. Er umfasst das ganze Leben. ... jeder Grieche und jede Griechin, wo immer sie sich befinden, wo immer sie auch arbeiten, werden zu Gliedern des Kampfes, zu Gliedern des Sieges. Alle vereint werden wir nicht gebeugt, nicht versklavt, wir werden alle Pläne der barbarischen Besatzer und der griechischen Verräter vereiteoln, wir werden unser Leben retten, wir werden die Freiheit wiedererlangen, wir werden sie gegen jeden Anschlag verteidigen, woher er auch immer kommen mag, wir werden siegen, und wir werden den Weg zu einem neuen Griechenland bereiten, das zivilisiert und glücklich ist, wo wir zusammen mit den anderen siegreichen Völkern einen Rahmen für ein zivilisierten Leben schaffen, in dem die Sklaverei, die Not, dieAusbeutung des Menschen durch den Menschen und die kummervolen Erinnerungen an eine schwarze Vergangenheit unbekannt sein werden. Vorwärts Griechen und Griechinnen, vereint euch zum großen Kampf."*[2]

Dieses Programm war dynamisch und brach mit dem Hergebrachten. Besonders die Appelle and die Jugend und die Frauen fanden großen Anklang. Die Jugend begegnete diesem Apell mit Enthusiaasmus. Der Appell der EAM trug zur Emanzipation der griechischen Frau bei und die Frauen wurden zu den treuesten Anhängern der EAM. Die EAM gewann Unterstützung aller Bevölkerungsteile: Stavrianos gibt einige aufschlussreiche Zahlen: Die Armee war durch 16 Generäle, 34 Obersten und 1300 Berufsoffiziere vertreten; die Kirch durch 6 Mischöfe und eine große Zahl von Priestern; 30 Professoren der Uniuversität Athen, der Präsident des Athener Polytechnkums und zwei Mitglieder der Akademie von Athen waren EAM-Mitglieder. Anhänger der alten Liberalpartei schlossen sich der EAM an.[3] Die größten

---

[1] "Das Statut der nationalen Befreiungsfront", in: *HANW*, Nr. 1 (Athen, 1958), p. 41f.

[2] Dimitrios Glinos, "Was ist und was will die Nationale Befreiungsfront" in: *HANW*, Nr. 2-3, (Arhen, 1958), p. 57.

[3] Leften Stavrianos, *Greece: American Dilemma and Opportunity* (Chicago, 1952), p. 68

Anhängerschaft fand die EAM unter den ärmeren Schichten.

Nach dem Krieg und der Restauration der alten Oligarchie wurden die Angehörigen der EAM zu Kommunisten gestempelt. Viele, die die Besatzungszeit in ihren Athener Villen in Ruhe überdauert hatten, fanden in der Rückschau eine einfache Erklärung für ihre Passivität. Sie behaupteten, dass sie von Anfang an gewusst hätten, dass die EAM nur das Sprachrohr oder die Maske der KKE gewesen sei. Daraus ergibt sich die Frage, verfolgte die KKE mit der EAM eigene Ziele, und kontrollierte die KKE die EAM. Stimmten die Aktivitäten der EAM mit dem Revolutionsfahrplan der KKE überein?

Dazu liegt eine klare Aussage vor. 1934 fasst das ZK-Mitglied Georgios Zevgos die Ergebnisse der Sitzung des 6. Plenums im Januar zusammen. Man hatte festgestellt, dass es in Griechenland noch viele halbfeudalistische Elemente gab, die zunächst durch eine bürgerlich-demokratische Revolution beseitigt werden mussten Eine solche Revolution konnte nure rfolgreichsein, wenn Arbeiter, Bauern und die Kleinbourgeoisie mitmachten. Dies bedeutete, dass die KKE zu diesem Zeitpunkt stur am marxistisch, leninistischen Revolutionsfahrplan festhielt und nach der Errichtung einer bürgerlich, kapitalistischen Gesellschaft strebte. Nur diese mache den Weg zur Errichtung der Volksdemokratie frei. Auf der panhellenischen Konferenz der KKE vom Dezember 1942 wurde dieser Kurs bestätigt: Das Nahziel der Partei sei die nationale Befreiung. Die KKE verfolgte im Krieg zwei Ziele: nationale Befreiung und Errichtung einer bürgerlichen Demokratie. Die proletarische Revolution war für sie ein strategisches Fernziel, das erst nach der Erreichung bestimmten ökumenischer Bedingungen erreicht werden konnte. Ein Grund für das Schwanken des Kurses war der fehlende Kontakt mit Moskau. Erst ab Sommer 1944 als Kontakt mit Moskau hergestellt wurde, stabilisierte sich der Kurs der KKE.

Über das Vehältnis zwischen der Führung und den Mitgliedern liegen zwei kompetente Urteile vor: Brigadier Myers von der BMM schrieb 1943: *"Viele Griechen ohne Sympathien, ja sogar mit Antipathien gegenüber den Kommunisten, schlossen sich der revolutionären EAM aus rein patriotischen Gründen an. Ich gehe sogar so weit zu behaupten, dass trotz der vielen Monate koomunistischer Belehrung unter dem Deckmantel einer nationalen Bewegung 90 Prozent der EAM-Mitglieder keine Kommunisten waren, dafür aber 90 Prozent der Führer."*[1]

Der Ic (Feindoffizier) beim OB Südost war der Meinung, dass der einfache Guerillakämpfer der ELAS in erster Linie Patriot war, der für sein Land kämpfen wollte. *"Es ist hervorzuheben, dass es in Griechenland insbesondere unter den Banden, nur wenige wirkliche Kommunisten gibt. Maßgebend ist der Führer. Kommunistische Banden sind also solche, die unter kommunistischer Führung stehen."*[2] Der einfach Resistancekämpfer war in erster Linie ein Patriot, der für sein Land kämpfen wollte. Die einfach Partrisanen strebten nach Freiheit und einer demokratischenRepublik.

Die EAM war also nicht, wie Woodhouse behauptet, eine Kreation und eine Kreatur der KKE.[3] Sie wurde zwar von der KKE ins Leben gerufen, aber erst die britische Politik erreichte ihre Domination durch die KKE. Die EAM war eine Koalition der Linken, die zu einer echten Volksfront wurde. Die politischen Ziele waren die Befreiung und die Errichtung einer

---

1 Th. Papakonstantinou, *Die Anatomie der Revolution* (Athen, 1952).

2 OB Südost Okdo H. Gr. E Abt. Ic/AO Nr. 3670/43 geh. Vom 9. April 1943.

3 Woodhouse, *Britain and Greece*, p. 4

demokratischen parlamentarischen Republik.[1] Parallel zum Ausbau ihrer eigenen Organisation sorgte die EAM/ELAS für den Aufbau einesr lokalen Selbstverwaltungssystems. Am 11. Oktober 1942 traf sich die Bevölkerung des Dorfes Klitsos im Gebiet Evrytania und besprach Fragen der Ordnung, der Verwaltung und der Rechtssprechung. Es wurde beschlossen, ein siebenköpfiges Komitee zu wählen, dass die Dorfangelegenheiten (Sicherheit, Schule, Kirche, Rechtsprechung, Versorgung usw.) mit Hilfe von Subkomitees verwalten solte.[2]

Die umliegenden Dörfer folgten in den nächsten Wochen diesem Beispiel.Am 4. Dezember 1942 trafen sich die EAM-Verantworlichen (Ypefthnoi) dieser Dörfer und verfassten ein Papier über Selbstverwaltung und Volksjustiz, das später unter dem Namen "Code Poseidon" bekannt wurde.[3] Im Lauf der nächsten Monate verbreitete sich der Code Poseidon über große Teile Griechenlands. Im August 1943 wurde der Code unter dem Namen "Code Stereas" in allen von der EAM kontrollierten Gebiete eingeführt. Nun gab es Komitees für Volkssicherheit, Schulwesen, Kirchenangelegenheiten und Wohlfahrt sowie ein örtliches Volksgericht und ein Appellationsgericht auf Distriktebene. Alle Komitees wurden durch ein gewähltes Überwachungskomitee kontrolliert. Alle Ämter wurden durch allgemeine geheime Wahlen gewählt. Das Recht zu wählen hatten alle Bürger, Männer und Frauen, die das 17. Lebenjahr vollendet hatten. Mit dem Code Stereas wurde das zentralistische System der Vorkriegszeit überwunden.[4]

Der Dezentralismus der Verwaltung gab den Berggemeinden zum ersten Mal das Recht, ihre eigenes Leben selbst zu bestimmen. Die Amtssprache in den Volksgerichten war die Dimotiki, wodurch die Bauern zum ersten Mal verstanden, was vor Gericht gesprochen wurde. Die Gerichte tagten an Sonntagen nach dem Kirchgang, wodurch auch die Bauern und Handwerker teilnehmen konnten. 1943 entstand in den griechischen Beregen ein neuer Staat; es begann sich eine Renaissance des griechischen Staates abzuzeichnen. Die Errichtung des vereinigten Haupquartiers der Andarten und die Abhaltung freier Waglen im Sommer 1943 runden dieses Bild ab. Kurzum: der griechische Staat und die Gesellschaft wurden von unten her reformiert. Es fehlte nur noch eine reformierte Regierung. Wäre diese Entwicklung so weitergegangen, wäre Griechenland am Kriegsende ein reformierter Staat westeuropäischer Prägung gewesen. Aber dazu wäre es notwendig gewesen, dass die britische Schutzmacht erkannt hätte, dass die EAM westlich orientiert war und keinesfalls einen pro-sowjetischen Kurs verfolgte. Es ist eine griechische Tragödie, dass das Gegenteil der Fall war, wie wir noch sehen werden.

Auch in der KKE gab es zwe Flügel: den konservativen, stalinistischen in Athen und den progressiven titoistischen in den Bergen. Solange der "Bergflügel" nicht der direkten Kontrolle des ZK unterstand, machten sich militante Neigungen bemerkbar. Es war dieser Flügel, der im Jahr 1943 einen neuen griechischen Staat von der Basis aufbaute, Als nur noch eine Regierung fehlte, wagte das ZK nicht, diesen Schritt konsequent zu tun. Bei der Interpretation der Geschichte der Resistance muß die Existenz dieser beiden Flügel, der titoistischen Falken und der stalinistischen Tauben im Auge behalten werden.

---

1 Richter, *Revolution und Konterrevolution,* pp. 160-163

2 A. Kastrinos, "Volkshustiz und Selbstverwaltung im frieen Griechenland 1941-1945", in: HB Nr. 1 (August 1963), p. 139

3 *Ibidem*, p. 140; Vgl Dimitrios Zepos, *Volksjustiz in den befreiten Gebieten des besetzten Griechenlands* (Athen, 1945), p. 1ff.

4 Stavrianos, *Resistance Organisation,* p. 12

Das sog. Prozentabkommen vom 9. Oktober 1944

Im Oktober 1944 war der deutsche Rückzug aus Griechenland praktisch abgeschlossen. Griechenland wurde praktisch ganz von der EAM/ELAS kontrolliert. Nur Kreta war unter britischer Kontrolle. Die Vorherrschaft der EAM/ELAS bedeutete, dass Griechenland sich der kommunistischen Welt von Moskau zuwenden könnte. Dies war natürlich für Großbritannien inakzeptabel. Churchill war dabei, die maritime Straße durchs Mittelmeer über den Suezkanal nach Indien und Neuseeland und Australien wieder zu etablieren. Der Balkan nämlich Rumanien und Bulgarien waren auf der russischen Seite. Die griechischen Provinzen Ostmakedonien und Westthrakien, die 1941 Bulgarien überlassen worden waren, blieben bulgarisch und damit hatte Russland Zugang zum Mittelmeer. Von Ostmakedonien hätten die Russen leicht den Norden Griechenlands besetzen können. Jugoslawien war zwar unter kommunistischer Herrschaft unter Tito, aber es befand sich bislang außerhalb der russischen Zone. Churchill interessierte sich nur für die jugoslawische Küste, da sie den Zugang für Österreich und Ungarn bot.

Am 22 September 1944 lobte Churchill in einem Brief an Stalin die russische Armee, die die deutsche geschlagen habe.[1] Stalin antwortete am 30. September. Er freue sich über Churchill Wunsch, im Oktober nach Moskau zu kommen. *"We shall have to discuss military and other questions, which are of great importance."*[2] Am 1. Oktober schlug Churchill die Flugroute über die Ägäis und das Schwarze Meer vor, da er Problme mit der Höhe habe.[3] Am Nachmittag des 9. Oktober kam er in Moskau an. Gegegn 22 Uhr traf man sich im Kreml zu einem ersten Gespräch. Anwesend waren nur Stalin, Molotov, Edeen und Churchill sowie zwei Dolmetscher. Über das folgende Gespräch berichtet Churchill:

"The moment was apt for business, so I said: 'Letus settle abput our affairs in the Balkans.Your armies are in Roumania and Bulgaria. We have interests, missions and agents there. Don't let us get at cross-purposes in small ways. So far as Britain and Russia are concerned, how would it do for you to have ninety percent predominance in Roumania, fpr us to *have ninety percent of the say in Greece and go fifty fifty about Yugoslavia. While this was being translated I wrote out on a half sheet of paper:*

Roumania		
	Russia	*90 %*
	The others	*10 %*
Greece		
	Great Britain	*90 %*
	(In accord with USA)	
	Russia	*10 %*
Yugoslavia		*50-50 %*
Hungary		*50-50 %*
Bulgaria		
	Russia	*75 %*
	The others	*25 %*

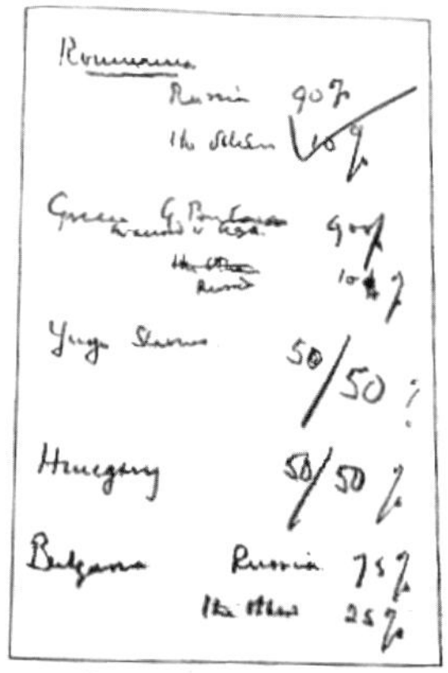

Churchill's copy of secret agreement with Stalin made in Moscow, October, 1944

I pushed this across to Stalin, who had by then heard the translation. There was a slight

1 Winston S. Churchill, *The Second Worl War*, vol VI, *Triumph and Tragedy* (London: Cassell, 1954), p. 188f,

2 *Ibidem*, p. 189.

3 *Ibidem*, p. 191.

pause. Then he took his blue pencil and made a large tick upon it, and passed it back to us. It was all settled in no more time than it takes to set down.

Of course we had long and anxiously considered our points and were only dealing with immediate war time arrangements. All larger questions were reserved on both sides for what we then hoped would be a peace table when the war was won.

After this there was a long silence. The pencilled paper lay in the middle of the table. At length I siad, 'Might it not be thought rather cynical if it seemed we had duisposed of these issues, sit fatefuly to millions of people, in such an offhand manner? Let us burn the paper.' 'No you keep it', said Stalin.[1]

Bulgarien war am 10. Oktober derHauptstreitpunkt zwischen Eden und Molotov. Eden beschuldigte die Bulgaren, britische Offiziere in griechische Thrakien schlecht zu behandeln. Er verlangte, dass die Sowjets der Bulgaren befahlen, dass sie die britischen Offiziere mit Respekt zu behandeln. Molotov antwortete witzig, dass die Sowjets gerade versprochen hätten, sich nicht in die inneren Angelegenheiten Griechenlands einzumischen. Schließlich stimmte Molotov Eden zu, dass die Bulgaren aus den von ihnen besetzten Teilen Jugolsawiens und Griechenlands ausziehen sollten. Aus Churchills Sicht war das Abkommen sehr günstig, denn es verhinderte, dass die EAM, die damals fast ganz Griechenland kontrollierte, mit russischer Unterstützung die Macht übernehmen konnte. Griechenland würde von nun an einen pro-britischen Kurs steuern und eine Monarchie bleiben. Insgesamt darf wohl festgestellt werden, dass das Prozentabkommen äußerst dauerhaft war, denn die in ihm vereinbarten territorialen Trennungen blieben bis 1991 bis zum Ende der Sowjetunion in Kraft.

Das Mittelmeer insbesondere die britische maritime Route zum Suezkanal und damit zu dem Kolonien und nach Neuseeland und Australien wurde durch das Abkommen gesichert. 1956 äußerte sich Churchill gegenüber dem amerikanischen Journalisten Cl. Sulzberger: *"Stalin hat mir gegenüber nie sein Wort gebrochen. Wir haben uns auf den Balkan geeinigt. Ich sagte, er könne Rumänien und Bulgarien haben, und er sagte, wir könnten Griehenland haben. Als wiir 1944 reingingen, mischte sich Stalin nicht ein."*[2] Alle Länder gerieten unter kommunistische Kontrolle mit Ausnahme Griechenlands, wo die Kommunisten den griechischen Bürgerkrieg verloren. Nach der Tito-Stalin Spaltung von 1948 wurde Jugoslawien, das als sowjetischer Einflussbereich galt, im Kalten Krieg neutral. Rumänien und Ungarn befanden sich nach 1945 im sowjetischen Einflussbereich. Ungarn stand auch nach 1956 außenpolitisch treu zu Sowjetunion. Rumänien ging von 1959 an langsam auf Distanz zur Sowjetunion. 1967 nahm es sogar diplomatischen Beziehungen zu Westdeutland auf und kritisierte 1968 öffentlich die sowjetischen Invasion der Tschechoslowakei.

1 *Ibidem*, p. 198.
2 "Prozent Zustimmung" Wikibrief, p. 22.

Der Machtwechsel in Griechenland

Die folgende Karte zeigt die Partisanengebiete am Vorabend des deutschen Rückzuges. Die Nummer 1 zeigt die Lokation der Tagmate Asfalias (Kollaborationskräfte). Die Nummer 2 zeigt eine andere kollaborierende Gruppe. Die Nummer 3 zeigt den Stadtort der Gruppen von Poulos und Chrysochoos.

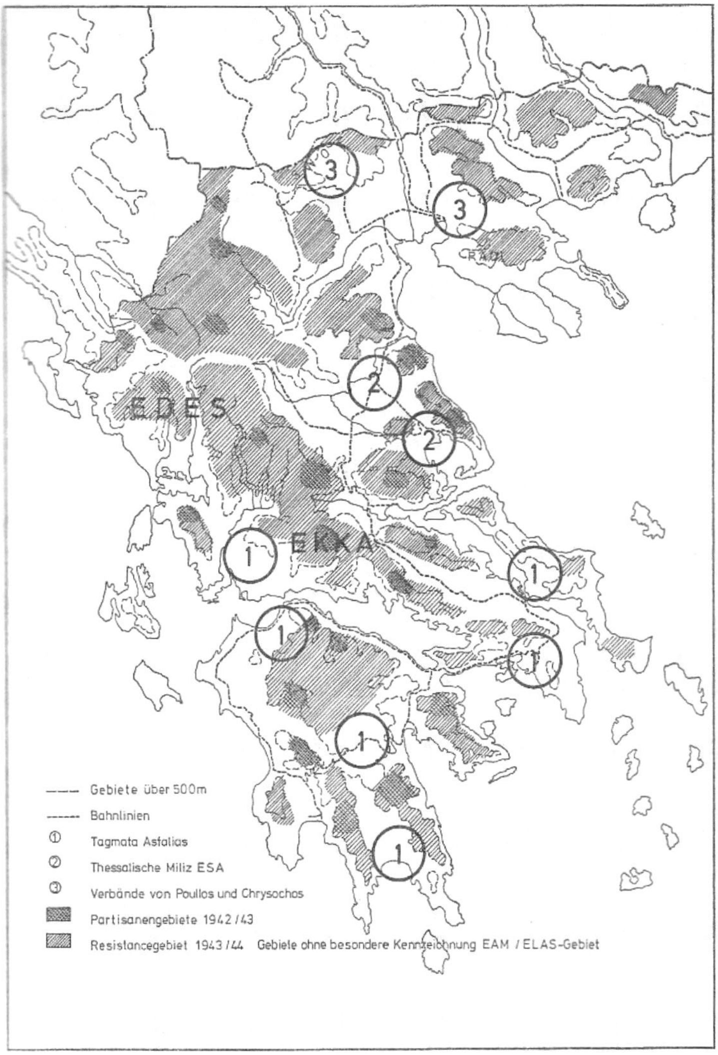

Im Augenblick des Rückzuges der deutschen Besatzungstruppen befand sich also fast ganz Griechenland unter der Kontrolle der EAM/ELAS d.h. der griechischen Linken. Die wenigen nicht-Linken waren weit schwächer und die Linken selbst waren keine sowjetischen Kommunisten, sondern eher linke Sozialdemokraten. Die kollaborierenden Kräfte waren relativ schwach.

Die Frage der Rückkehr der Exilregierung war problematisch. Der früheste Zeitpunkt und Ort war der Peloponnes, der am ersten von den Deutschen geräumt wurde. Doch die Rückkehr war auf die Regierung beschränkt; doch König Georg II. wie auch sein Schwager Paul mussten vorläufig in England bleiben. Aber auch Premier Papandreou blieb zunächst außer Landes und entsandte seine Minister Kanellopoulos und Tsatsos zur Landung auf die Peloponnes. Kanellopoulos ging am 4. Oktober 1944 mit den ersten britischen Einheiten in Patras an Land.und begleitete Aris Velouchiotis von der ELAS bei den Feiern anläßlich der Befreiung.[1]

Die Befreiung selbst verlief völlig ruhig und diszipliniert. Das Politbüro der KKE erließ am 6. Oktober einen Appell zur Aufrechterhaltung der Ordnung. Daher kooperierten die ELAS und die Ethniki Politofylaki mit den Briten.[2] Die Ausschreitungen auf der Peloponnes erfolgten mit Billigung der Alliierten: Aris Velouchiotis ließ eine Gruppe der Tagmata Asfaleias, die sich nicht ergeben wollten, niedermachen.[3] Alle übrigen Berichte von Übergriffen und Terrorakten stammten von der griechischen Rechten und entbehrten jeden realen Hintergrund, sogar Papandreou dementierte sie.[4]

Am 8. Oktober kamen Churchill und Eden auf dem Weg zur Konferenz in Moskau in Cazerta vorbei. Papandreou wollte über das Vorgehen gegen die EAM mit Churcill sprechen, aber dieser wich aus und pries die Monarchie. Macmillan war von Churchills Ansichten über die Monarchie unangenehm berührt. Papandreou war der Meinung, dass die Briten eine möglichst große Streitmacht nach Griechenland schicken sollten und dass eine möglichst große nationale griechische Armee gebildet werden sollte. Die Frage der Monarchie sei zweitrangig. Aus taktischen Gründen empfahl er die Bildung eines Regentschaftsrates. Churchill entgegnete, dass er sich im Falle einer Regentschaft nicht mehr für Griechenland interessieren werde. Sogar Eden war von Churchills royalistischer Borniertheit abgestoßen. Alle waren erleichtert als Chuchill und Eden nach Moskau weiterflogen, wo am 9. Oktober des Prozentabkommen abgeschlossen wurde.[5]

Inzwischen traf die Nachricht ein, dass die Deutschen Athen räumten. Am 14. Oktober setzte sich ein Schiffskonvoi in Bewegung, der die griechische Exilregierung, die griechischen Diplomaten und Militars nach Athen bringen sollte. Da eine Landung in Piräus am Dienstag dem 17. Oktober, ein schlechtes Omen gehabt hätte - an einem Dienstag war Konstantinopel gefallen - wurde die Ankunft bis Mittwoch dem 18. Oktober 1944 verzögert.[6]

Am 18. Oktober erlebte Athen einen Freudentaumel. Am Morgen zelebrierte Damaskinos ein feierliches Tedeum in der Athener Kathedrale, dem die ganze Regierung beiwohnte. Papandreou hisste auf der Akropolis die griechische Fahne und am Nachmittag hielt er auf dme Syntagma-Platz eine Ansprache. Er fand einige lobende Worte für die Widerstandsbewegung und die Exilstreitkräfte. Dann kam er auf anstehende Probleme zu sprechen: Ostmakedonien und Thrakien müssten von Bulgariengeräumt und an Griecheland zurückgegeben werden. Nordepirus und der Dodekanes müssten an Griechenland angegliedert werden. Er endete seine

[1] Macmillan, The Blast of War (London, 1962), p. 580; Woodhouse, *Apple of Discored*, p. 203.

[2] Woodhouse, *op.cik.*, p. 203

[3] *Ibidem*, p. 203

[4] EAM Weißbuch, p. 9

[5] Eden, *op.cit.*, p. 485

[6] Macmillan, *op.cit.*, p. 586

Rede, indem er verkündete, dass man von nun an an die Laokratie glaube. Sie gewähre das Recht zu leben, zu prosperieren und zivilisiert zu leben. *"Unser Volk hat durch seinen unvergeichlichen Kampf und seine riesigen Opfer sich das Recht auf seine Zukunft gewonnen."*[1] Von nun gälten für die Regierung und Streitkräfte wieder die Gesetze. Letztere würden durch reguläre Einberufung wieder aufgebaut werden. Die Regierung werde den Willen des Volkes ausführen, die Streitkräfte würden dem Befehl der Regierung gehorchen. Polizei und Sicherheitskräfte würden gesäubert und reorganisiert werden, desgleichen die Staatsverwaltung, die Justiz und die Erziehungsinstitutioen. Da die alten Führungskräfte während der Besetzung mit wenig Ausnahmen völlig versagt hätten, sei eine moralische Säuberung notwendig und ein gerechtes Strafgericht müsse abgehalten werden. Die nationale Nemesis werde mitleidlos sein. Die nötigen Gesetze seien vorhanden. Allerdings würden diese nicht zu Instrumenten der Rache und der Befriedigung von Leidenschaften werden. Man werde baldmöglicchst ein Plebiszit über die Staatsform und Wahlen für das Parlament abhalten. *"Die Nation braucht dringend eine eindeutige Regierungsform und eine vom Volk gewählte Regierung."*[2]

Die Menge applaudierte, damit war die Rückkehr der Exilregierung akzeptiert. Papandreou konnte nun mit dem nächsten Punkt seines Programms fortfahren. Am 23. Oktober wurde das neue Kabinett vorgestellt. Es bestand aus 14 Populisten und Papandreou-Anhängern, einem Unabhängigen und 7 EAM-Anhängern; d.h. es hatte eine eindeutige royalistische Mehrheit. Die Linke erhielt bedeutungslose Ministerien. Die Zusammensewtzung des Kabinetts entsprach keinesfalls den tatsächlichen Kräfteverhältnissen. Auf keinen Fall war es eine Regierung der Nationalen Einheit. Der Posten des Verteidigungsministers war bedeutungslos, da der britische General Scobie der Befehlshaber aller Streitkräfte war.

Griechenland hatte in dieser Zeit de facto zwei Führer: der politische war Papandreou und der militärische General Scobie. Beide hatten extreme Macht: Papandreou war Ministerpräsident und quasi Regent. Scobie war Kommandeur aller britischen und griechischen Truppen und nur Churchill verantwortlich. Die griechischen Minister waren eigentlich nur demokratische Staffage. Der König tat so, als ob er auf einer Auslandsreise wäre und übertrug dem Ministerrat die Regentschaft, was Papandreou de facto zum Regenten machte. In Kooperation mit Damaskinos konnte Papandreou so die neue Regierung vereidigen.[3]

Der Sinn dieses Manövers ist klar. Papandreou versuchte in Kooperation mit den Briten vom Problem der Rückkehr Königs abzulenken, bis sich eine passende Gelegenheit dazu bieten würde. Inzwischen würde sich die Linke in verschiedene kleinere Gruppen auflösen und die KKE würde in eine schwache Position zurückfallen. Dies war genau genommen eine Rückkehr zur alten Spaltpolitik. Durch die Beschwörung der kommunistischen Gefahr sollten die bisherigen Gegensätze von Royalisten und Republkanern überspielt und die Linke selbst gespalten werden. Danach könnte die Monarchie restauriert werden.[4]

Nach seiner Rückkehr aus Moskau strebte Churchill die direkte Konfrontation in Griechenland an. Am 7. November sagte er zu Eden, dass man nicht zögern solle zur Unterstützung von Papandreou britische Truppen einzusetzen, falls die EAM Gesetzlosigkeiten begehe. Er hoffe, dass die griechische Brigade bald in Athen ankomme und nicht zögern werde zu schießen, Er erwarte einen Zusammenstoß mit der EAM. Wie unversöhnlich Churchills

---

1 Georgios Papandreou, *I apeleftherosis tis Ellados* (Athen, 1948), p. 152

2 *Ibidem*, p. 156

3 Heinz A. Richter, *Griechenland zwischen Revolution und Konterrevolution* (Frankfurt: EVA, 1973), p. 499.

4 *Ibidem.*

Haltung war, zeigte sich schon daran, dass er die Britische Militärmission (BMM) völlig ignorierte, Wenig später erfuhr der Chef der BMM Woodhouse, dass beim feierlichen Einzug in Athen keine Resistanceführer dabei sein würden. Er war entsetzt, als er erfuhr, dass das Metochikon Tameion das britische Hauptquartier sein sollte, in dem zuvor die Deutschen residiert hatten. Verzweifelt schieb er in sein Tagebuch: *"Athen geht es unter der britischen Besatzung kaum besser als unter der deutschen."*[1] Der damalige britische Presseoffizier Byford-Jones war ähnlich skeptisch: Die griechische Regierung stand vor folgenden Problemen: Materielle Hilfeleistung, Finanzen, politische Verbrechen, auswärtige Beziehungen, öffentliche Ordnung, Verteidigung und die konstitutionelle Frage. Trotz großer Schwierigkeiten gelang es 150.000 t Versorgungsgüter ins Land zu brigen, womit eie Hungersnot wie 1941 verhindert wurde. Zwar hatte Neubachers Goldaktion die Drachme vorübergehend stabilisiert, aber nun stieg ein Goldpfund auf 1,3 Billionen Drachmen an. Schließlich stabilisiert der britsiche Währungsspezialist David Waley die Währung, indem er ein Goldpfund 20 Billionen Drachmen gleichsetzte.[2]

Das Problem der politischen Verbrechen, besonders das der Kollaboration, wurde ziemlich nachlässig behandelt. Ein Teil der Tagmata Asfalias war von der ELAS zerschlagen worden, der größte Teil landete jedoch in britischen Lagern, wo er auf weitere Verwendung wartete. Aus den Tagmata Asfalias wurde nun CHI. Die am stärksten exponierten Führer warteten im Averof-Gefängnis auf ihren Prozess. Aber insgesamt behandelte die Regierung diese Frage recht lasch.[3]

Der Aufbau einer neuen Armee war ein spezielles Problem. Die EAM hatte zwar zugestimmt, die ELAs aufzulösen, aber bislang standen Papandreou nur Polizei und Gendarmerie und die schwachen EDES-Kräfte und die Oranisation CHI zur Verfügung. Außerhalb des Landes gab es nur die Rimini-Brigade und die Heilige Kompanie. Aber EAM verlangte, dass falls die ELAS aufgelöst werde, müssten auch die rechtsgerichteten Einheiten aufgelöst werden. Die neue Armee sollte ein echter Neubeginn werden. Die EAM befürchtete, dass anderenfalls ein royalistischer Umsturz bevorstehe. Dies war gerechtfertigt, denn die beiden Einheiten außerhalb Griechenlands waren royalistisch und antikommunistisch. Wäre die ELAS aufgelöst worden, hätte die 3. Brigade den Staat kontrolliert und für die Rückkehr des Königs gesorgt. Die einzige gerechte Lösung wäre ein totaler Neuaufbau der Streitkräfte auf der Basis von Einberufung von Jahrgängen gewesen. Der Kommandeur der BMM Woodhouse hatte die klar erkannt, und sich kategorische gegen eine Rückkehr der Rimini-Brigade ausgesprochen. Die SOE-Offiziere aus Karo waren der sselben Meinung. Doch Papandreou und Scobie waren anderer Meinung und sorgten dafür, dass die SOE-Offiziere nach Kairo zurückgeschickt wurden.[4]

Das Vorgehen der Briten und Papandreous war zumindest psychologisch äußerst ungeschickt. Die Resistance hatte gegen Metaxas und drei Jahre lang gegen die Achsenmächte gekämpft und in den griechischen Bergen einen freien Staat errichtet, wo sie ihre Vorstellungen von einer demokratischen Nachkriegsgesellschaft realisiert hatte und kontrollierte 90 Prozent ddes griechischen Staates, und nun sollte sie nach dem Willen Papandreous und der Briten ihre Suprematie aufgeben und der Rechten die Chance gegen, sich zu reorganisieren

---

1 Woodhouse, *Artikelserie* in Akropolis, XXIX.

2 W. Byford-Jones, *The Greek Trilogy* (London, 1945), p. 103.

3 Woodhouse, *Artikelserie*, XXIX

4 *Ibidem*, Idem, *Apple of Discord*, p. 215.

und das Vorkriegssystem zu restaurieren. Die Resistanc aber repräsentierte die überwältigende Mehrheit des griechischen Volkes, und nun sollte sie jener dubiosen Minorität von Royalsiten, Attentisten, Kollaborateuren und Opportunsten ihren Platz überlassen. Die Resistance war für eine demokratische Lösung, was ihre Zustimmung zur Demobilisierung ihrer bewaffneten Macht beweist und sie erwartete dasselbe von der Rechten und war nicht bereit, das Feld kampflos zu räumen.[1]

Am 9. November kehrte die 3. Brigade aus Rimini nach Athen zurück. Es gab keinen militärischen Grund für ihre Ankunft, Ihre Ankunft in Athen war eine Provokaation. und verstärkte das Misstrauen der EAM. Papandreou versuchte, die Reaktion der Linken zu dämpfen, indem er den bisherigen Oberbefehlshaber von Attika, Spiliotopoulos, der in den Augen der EAM/ELAS ein Kollaborateur war, durch den republikanischen Oberst Katsotas ersetzte. Weitere Auswechslungen folgten. Doch dies brachte keine echte Ändewrung, denn Scobie blieb der Oberkommandierende aller Streitkräfte.

Nach der Rückkehr der Rimini-Brigade begannen undurchsichtige politische Manöver.Auf der Konferenz im Libanon war beschlossen worden, die Kollaborateure zu bestrafen. Papandreou machte kaum Unterschiede zwischen Kollaborateure und Anhängern des faschistsichen 4. August Regimes, da letztere auch Royalisten waren. Papandreou verfolgte nur die Linekn. Er brachte es sogar fertig 668 eingesperrte Kollaborateure aus dem Syngrou-Gefängnis zu entlassen.[2] Auch bei der Aufstellung der neuen Streitkräfte kam es zu seltsamen Vorfällen: Offiziere der Tagmata Asalias wurden übernommen, ebenso Offiziere, die wegen Kollaboration im Gefängnis saßen. Die Briten spielten dabei mit, indem sie solche Offiziere, auch von CHI, nach Ägypten brachten und sie dort mit neuen Uniformen ausstatteten und sie nach Athen "gesäubert" zurückbrachten. Als sich der republikanisch ausgerichtete Kommandeur Othonaios für die Aufnahme republikanisch gesinnter Offiziere einsetzte, intervenierte Scobie und untersagte dies.[3]

Die restlichen Tage des Novembers waren durch die Auseinandersetzung über die Streitkräfte geprägt, die hauptsächlich zwischen dem Oberkommandierenden der ELAS Sarafis und dem britischen General Scobie sowie Papandreou stattfanden und bis Ende November dauerten. Eine detaillierte Darstellung dieser Auseinandersetzung ist vorhanden.[4] Am 28. November beschlossen die EAM-Minister das Kabinett zu verlassen. Der oft vermutete Grund eines Aufstandes der Linken geht an der Realiät vorbei. Die KKE wollte dadurch die Bildung einer neuen Regierung erreichen. Papandreous Lavieren zwischen den Parteien und seine bedingngslose Unterwerfung unter den Willen der Briten waren für die Linken unerträglich.. Durch ihren Rücktritt hofften die EAM-Minister den Rücktritt Papandreous und seines Kabinetts zu erreichen. Die Linke glaubte die Briten - Scobie und Botschafter Leeper - durch die bloße Andeutung von Gewaltanwendung zum Nachgeben zwingen zu können. Sie wollte eine neue Regierung unter Themistoklis Sofoulis aus Liberalen und Linken bilden. Entsprechende Verhandlungen hatten schon zu ersten Erfolgen geführt.[5]

Eine solche Lösung hätte in der Tat die verfahrende Situation wieder in Bewegung bringen können: Die Liberalen hatten Verständnis für das Sicherheitsbedürfnis der Linken. Man hätte einen Kompromiss in der Frage der Entwaffnung gefunden, und der Weg für eine demok-

---

[1] Heinz A. Richter *Griechenland zwischen Revolution und Konterrevolution* (Frankfurt: EVA, 1973), p. 503f.

[2] Byford-Jones, *op.cit.,* p. 122; im *EAM-Weißbuch,* p. 18 werden weitere Fälle erwähnt,

[3] Sarafis, *op.cit.*, p. 480ff

[4] Richter *op.cit.,* pp. 508-514,

[5] Wiliam Hardy McNeill, *The Greek Dilemma* (New York, 1947), p. 160

ratische Lösung wäre frei gewesen. Die Überlegungen der EAM-Führung ließen jedoch Churchills Position außer acht, der keinesfalls zu einer demokratischen Lösung bereit war, sondern die Konfrontation wollte. Er telegrafierte an Leeper, dass er die Bekanntmachungen Scobies und der griechischen Regierung voll unterstütze.[1] Offensichtlich waren Churchill und Papandreou zur Konfrontation bereit.

Daher zerschlugen die Briten die Tagmata Asfalias nicht, sondern formierten sie als Hilfstruppen im Hintergrund um. Ähnlich verhielten sie sich gegenüber der CHI-Organisation unter Oberst Grivas, die während der Besatungszeit keinesfalls die Besatzer angegriffen hatte sondern die ELAS. Des weiteren rekrutierten die Briten die Polizisten und Gendarmen, die die Kommunisten hassten. Hinzu kamen Freiwillige aus den selben Motiven. Die Linke andererseits rechnete nicht damit, dass die Briten bewaffnet gegen sie vorgehen würden. Daher blieben die kampfkräftigen ELAS-Verbände im Norden. In Athen waren hauptsächlich Verbände der Reserve-ELAS, die andere Untergrundgruppen in Schach hielten.

Churchill und Papandreou verfolgten nur vordergründig eine Politik der Zerschlagung der ELAS. Ihr Hauptziel war es, eine pro-britische Regierung in Griechenland zu installieren. Griechenland sollte also wieder in das alte Klientelverhältis zu Großbritannien gebracht werden, dessen Garant der König war. Die Gegner dieser britischen Restaurationspolitik waren die Resistance und die Liberalen. Da Letztere aber durch die kommunistische Gefahr von der Resistance an Einfluß verloren hatten, und durch ihre oligarchische Struktur leicht beeinflussbar war, bildete sie kein Hindernis für die Realisierung der britischen Pläne. Ein Machtwechsel zu den Liberalen hätte die Realisierung der britischen Ziele nicht behindert. Um sie durchzusetzen, musste die linke Resistance zerschlagen werden. Da in der EDES viele überzeugte Republikaner waren, musste auch sie ausgeschaltet werden.. Die EDES konnte aber nicht direkt zerschlagen werden; man entwickelte daher den Plan, dies durch die ELAS tun zu lassen. Diese Auseinandersetzung diskreditierte die EDES. Der Rücktritt der EAM-Minister war ein Kaptalfehler, denn damit verlor die Linke jeden Einfluss auf die Entwicklung. Ihre Idee, damit die Regierung zu stürzen, ging nicht auf, denn von nu an war die Rechte in der Regierung stärker vertreten als zuvor.[2]

Der Rücktritt der EAM-Minister war ein Kapitalfehler, denn damit verlor die Linke jeden Einfluß auf die weitere Entwicklung. Von nun an hatte die griechische Rechte das Sagen.

---

1 Leeper, *op.cit.*, p. 99; EAM *Weißbuch*, p. 36

2 Komninos Pyromagou, “Die ‘Auflösung der Nationalen Grppe Griechischer Partisanen (EOEA EDES) im Dezmber 1944", in: Richter, *Revolution und Konterrevolution*, pp. 595-601

Die Toten auf dem Syntagma-Platz am 3. 12. 1944

Einige Tote vom 3. Dezember 1944

Trauer-Demonstration

Britische Panzer in der Innenstadt

Straßensperre durch britischen Panzer

Protestdemostration am 4. Dezember 1944

Britische Soldaten im Straßenkampf

Britischer Scharfschütze auf der Akropolis

Die Dekemvriana - die britische Intervention

Am 1. Dezember 1944 traf die EAM-Führung vier Entscheidungen: 1. Eine Botschaft an die Großmächte zu senden; 2. am 3. Dezember eine Massendemonstration auf dem Athener Syntagma-Platz abzuhalten; 3. am Montag, dem 4. Dezember einen Generalstreik durchzuführen und 4., das ELAS-ZK wieder zu errichten.

Die Botschaft enthielt eine Lageanalyse und wurde am 2. Dezember abgesandt.[1] Die EAM beantragte die Genehmigung für die Demonstration am 3. Dezmber, die sie erhielt.[2] Das ELAS -ZK wurde wieder errichtet und unter dem Einfluss von Ioannidis folgendermaßen aufgeteilt: Die Reserve-ELAS von Athen, die 2. Division in Attika, die 3. Division in der Peloponnes und die 13. Division in Roumeli wurden General Mandakas unterstellt. Die voll ausgerüsteten, kampferprobten Verbände der 8. Division Epirus und die 6,, 9., 10., und 11. Division Makedonien erhielten unter der Fühung von Sarafis und Aris den Auftrag, einen eventuellen Durchbruch von Zervas nach Athen zu verhindern. Diese Zweiteilung bedeutete, dass die KKE auf die schlagkräftigsten Truppen in Athen verzichtete. Es zeigt nur, dass die KKE daran glaubte, dass entsprechend dem Revolutionsfahrplan das Proletariat den Sieg davon tragen werde. Da sie an keine große bewaffnete Auseinandersetztung glaubte, alarmierte sie die großen ELAS-Einheiten nicht, sondern glaubt, dass die Reserve-ELAS genug sei.[3]

Nach Konsultation mit den Briten informierte Papandreou die Linke am Abend des 2. Dezember, dass die Genehmigung für die Demonstration zurückgezogen worden sei. Die Linke entgegnete, dass die Vorbereitungen zu weit fortgeschritten seien, um noch gestoppt werden zu können. Dies war zweifellos richtig, denn eine Massendemonstration kann nicht innerhalb weniger Stunden abgesagt werden. Es scheint jedoch, dass die Briten und Papandreou mit Absicht so spät eingriffen, um sich ein legalistisches Alibi zu verschaffen. Papandreou riet Leeper, am nächsten Morgen die Botschaft nicht zuverlassen. Am folgenden Morgen rief Papandreou ihn nochmals an und drängte ihn, auf keinen Fall die Botschaft zu verlassen, da eine Revolution ausbrechen werde.[4]

Die Ereignisse am 3. Dezember 1944

Schon am frühen Morgen strömten die Anhänger der EAM zur Demonstration zusammen. Die eindruckvollste Schilderung der nun folgenden Ereignisse stammt aus der Feder eines Augenzeugen, des britischen Presseofffiziers Lt. Col. W. Byford-Jones.[5]

"Sunday morning, the fateful day of 3rd December, was as bright as any since the liberation of Greece. The centre of the city looked deceptively peacful. The sun shone over the old palace to bath the Constitution Square, which was to be the scene of dreadful events, with golden light, and University Street, which goes north to the Omonia Square, and south, between the palaceand the square to the Temple of the Olympian Zeus, Hadrians Gate and the bay of Phaliron, was filled with people who seemed not to have a care in the world. There were

---

1 *EAM Weißbuch*, p. 39ff.

2 McNeill, *op.cit.*, p. 163; Byford-Jones, *The Greek Trilogy* (London: Hutchinson, 1945), ü- 134

3 Eudes, *op.cit.*, p. 255; McNeill, *op.cit.*, p. 163; Byford-Jones, *op.cit.,*, p. 134; Sarafis, *op.cit.*, p. 501.

4 Byford-Jones, *op.cit.*, p. 141.

5 *Ibidem*, pp. 137-140

pretty gils in their best frocks, British troops, among them sturdy paratroopers with their maroon-coloured berets, a few bearded Andartes, bare-footed, pale-faced children selling single cigarettes, street vendors who sold the only objects which were in plenty, sponges from the Aegean, which they were willing to barter for cigarettes, chocolate or bully beef, and a score of beggars,. Birds twittered to the pepper and tagerine treeks that line the road, and the sun tipped the flags ofnthe United Nations whichflew from teh six-storey buildings. As I looked but from the Grannde Bretagne my overnight fears were almost dispelled.

Until early that morning, I had been at what proved to be the last Liberation party in Athens, attended by British, Americans and Greek officers and diplomats, and, as it had broken up, there had been disturbing news. Well-to-do Greeks employ 'contacts' to keep them in touch with political developments and these men, who secured advance information from clerks, politicians and sometimes from Cabinet Ministers, had telephoned their employers who were at the party to say that an ELAS formation was marching on Athens, and that one unit was approaching the boundaries of the Athens-Piraeus area, over which General Scobie had expressely forbidden them topass.The also reported the coming General Strike, and the fact that the demonstration arranged to take place inConstitution Square that morning had been forbidden.

The events had been arranged to take place that mordning, besides the demonstration, and at the same time, 11 o'clock. The one was a reception held by the PARNASSUS Library Society, at whih Mr. (Now Sir) Rex Leeper, the British Ambassador, was to deliver a speech, and to which M. Papandreou and members of the Cabinet and theGeneral Staff had been invited, and the other was a concert of Allied music by the Athens SYMPHONIC Orchestra which, during occupation, had been compelled to nplay German and Italian music only, often under the baton of a German conductor.

By ten o'clockrumours had filtered into the city centre to the effect that EAM officials had been working all night making arrangements but the demonstration which they intended to held. Despite the Government ban.Goverment intelligence officers stated that EAM had called the people in the suburbs together by the ringing of church bells and the sounding of air raied sirens and informed them that the order of the Goverbnment to demobilize the Andartes. Despite these rumours the peopleof Athens continued to walk untroubledalong the University Street, to sit in coffee houses or to make their preparations to go tothe archestral concert or to the reception. Thereb had been so many demonstrations and parades before, another one would make little difference, they thought. I decided not to go to the recepzion: I had already read the Ambassador's speech which was more about poliics than lieterary matters. The concert attracted me to the Constitution Square that I should be at hand if anything exciting happened at the demonstration.

The iron gates were still closed in front of the theatre and a larged crowd of music lovers waited impatiently for rhem to be opened. A short stout man, with long wary locks, came up carying a violin case.

'I do not thinks it is any use waiting,' he said. 'Some members of the staff and the orchestra belong to EAM.'

Before anyone could reply the peace of the Sunday ymorning was suddenly broken by the sound of marching feet and the shouting of slogans through megaphones.

'They are having the demonstration after all,' a girkl said near me..'I think there will be trouble.'

I hurried n back to the Grande Bretagne, which overlooks the Constitution Square.

A large crowd stood in the entrance looking bin the direction of thte squarwe, where processions were beginning to arrive. Out of the bedroom windows I coud see the heads of some war correspondents who had been sleeping late. There were curious faces peering through the windows of the police sation opposite to the hotel.

During the nextquarter of an hour I watched the demontraters arrive a in the square, carrying tehir banners and flags, British, American, Russian and GReek. As a large procession was linbing up megaphonists continued to shout their slogans. 'Down with Papandreou.' they cried in chorus. 'Down with the Intervention.' 'Try the collaborators.' Down with George Glücksburg.' The people who had been walking the street, or standing outside the Palace Theatre beganb to gather outside the Grande Bretagne to watch the procession pass, a few went about their business.

I took up my positioon outside Jannaki's bar, which is on the ground floor of the building which also houses the police headquarters, onone corner of the square and watched the porocession move off. The head of it had reached the road in front of the old royal palace *when my attentiuon was attracteed by the sound of voices to a group of police officers leaning on the balcony of the second floor of the building above the bbar. To my surprise tzese officers had rifles at the ready. Some were standing, others kneeling, so that only their heads could be seen One or two were taking aim at the head of the procession. I took it that that was merely a precaution, should the demonstrators attack the police station. The Greek police are an armed force.*

The procession approached: men, women and children marching eight to ten abreast, every third or fourth persossn carrying an allied flag, a Greek flag, or a banner on which in neat red print were slogans similar to those which were shouted by men and women through tin and cardboard megaphones. The ages of those who were taking part ranged from ten and twelve years to sixty and more. A few of the childrem were without shoes, most of the people wiout overcoats, but there were well dressed. As before thare was a preponderate number of girls between eighteen and thirty years of age. There was nothing sullen or mencaing about the procession. Some of the men shouted fanactically twoards the police statio and teh hotel, but there ws a good deal of humorous banter, and amny jokes were exchanged between demonstators and those who watched from the kerbs.

Neben Byford-Jones gab es noch viele internationale Jurnalistcn, die die Ereignisse vom Hotel Grande Bretagne aus beobachteten. Unter ihnen war sogar ein Profifotograf, der alles fotografierte.[1] Sein Fotoband ist eine weitere wertvolle Dokumentation. Keine noch so große Propagandaaktion der EAM hätte diese Wirkung erzielem können, die die in alle Welt gesandten Berichte der Kriegskorrespondenten erreichten.[2] Am selben Tag begann Grivas mit seiner Chi die ELAS anzugreifen.[3] Am Nachmittag begannen ELAS-Angriffe auf die Polizeistationen inden Vorotzren Athens. Am Abend hielt Papandreou seine letzte größere Rede als Ministerpräsident. Er wusch seine Hände in Unschuld: *"Heute haben wir ein reines Gewissen, weil wir kein Unrecht getan haben. Die ganze Verantwortung vor der Geschichte und vor der Nation liegt bei den Führern der extremen Linken. ... Im Namen des Volkes und nder Nation klagenn wir die Führung der estremen Linken an, dass sie uns in den Bürgerkrieg geführt hat."*[4]

Die Briten wünschten zwar ebenfalls die Auseinandersetzung, aber sie sollte nicht mit

---

1 Dimitri Kessel, *Ellada tou 44* (Athen: Ammas, 1994)

2 Byford-Jones, *op.cit.*, p. 147

3 *Ibidem*, p. 142.

4 Georgios Papandreou, *I apeleftherosi tis Ellados* (Athen, 1945), pp 181, 193

einemso offensichtlichen Unrecht auf ihrer Seite beginnen. Leeper mißbilligte Papandreous Vorgehen und empfahl dem Foreign Office die Bildung einer neuen Regierung unter Sofoulis. Papandreou sollte Minister ohne Portefeuille werden. Auch Scobie schreckte nun doch vor dem Bürgerkrieg zurück. In letzter Minute schien sich doch noch eine politische Lösung anzubieten.[1]

Montag, 4. Dezember 1944

Am Montag dem 4. Dezember wurde der Generalstreik mit größtem Erfolg durchgeführt. Zu Ehren der Ermordeten vom Vortag fand eine neue Demonstration statt. Parallel bemühte man sich um eine politische Lösung der Krise. Leeper erklärte, er wolle sich zwar nicht in die inneren Angelegenheiten Griechenlands einmischen, aber er rate zur Bildung einer neuen Regierung auf breiterer Basis unter Sofoulis. Papandreou bot seinen Rücktritt an. Zwischen den Athener Politikern begannen verhandlungen mit der Ziel, ein neues Kabinett unter Sofoulis zu bilden. Am Nachmittag war ein Ergebnis erreicht.[2] Die Regierungsumbildung konnte jedoch aus verfassungsrechtlichen Gründen nicht in Athen allein entschieden werden. Der Rücktritt der alten Regierung und die Einsetzung der neuen konnte nur durch den König legalisiert werden. Papandreou sandte anscheinend an diesem Nachmittag seine Rücktrittserkärung nach London.[3] Wie schon erwähnt wurde, empfahl auch Leeper diese Regierungsumbildung. So bestand also nochmals die Chance, die Krise zu deeskalieren und den bevorstehenden Bügerkrieg zu vermeiden.

In London hatte Churechill die Berichte über die Ereignisse vom 3. Dezember erhalten. Seine Version über die Ereignisse des 3. Dezembers haben mit der Realität nichts zu tun: *"On Sunday, December 4, Communist supporters , engaging in a banned demonstration, collided with the police and civil war began. The next day General Scobie ordered ELAS to evacuate Athens and the Piraeus forthwith. Instaed their troops and armed civilians tried to seize the capital by force."*[4] Über den entscheidenden Abend des 4. Dezember berichtet Churchill: *"At this moment I took a more direct control of the affair. On learning that the Communists had already captured almost all the police stations in Athens, murdering the bulk of their occupants not already pledged to their attack and were within half a mile to the Government offices, I ordered General Scobie and his 5,000 British troops, who ten days before had been received with rapture at deliverers by the population, to intervene and fire upon the treacherous agressors. It is no use doing things like this by halves. The mob violence by which the Communists sought to conquest the city and present themselves as the Government demanded by the Greek people could only be met by firearms. There was not time for the Cabinet to be called."*[5]

In den frühen Morgenstunden des 5. Dezember sandte Churchill ein Telegramm an Scobie, in dem er ihn über sein weiteres Vorgehen instruierte. Der entscheidende Satz lautete: *"We have to hold and dominate Athens. It would be a great thing for you to succeed in this without bloodshed if possible, but also with bloodshed if necessary."* In seinen Memoiren gab Churchill zu, dass er etwas drastisch formuliert hatte, aber rechtfertigte dies damit, dass er an

---

[1] Byford-Jones, *op.cit.*, p. 149

[2] McNeill, *op.cit.*, p. 172.

[3] Pyromaglou, Kartalis, p. 448.

[4] Churchill, *op.cit.*, VI, p. 251

[5] *Ibidem*, p. 251

David Balfour gedacht hatte, der in den 80er Jahren an die britischen Stellen in Irland telegrafiert hatte: *"Don't hesitate to shoot."*[1] Am selben Tag telegrafierte Churchill an Leeper. Letzterer möge Papandreou drängen, im Amt zu bleiben; man werde ihn mit allen Mitteln unterstützen. Kein Politiker könne die bestehende Lage mit politischen Mitteln lösen. Er habe General Scobie befohlen, den Schutz Athens zu übernehmen.[2] An Scobie schrieb er: *"You are responsible for maintaining order in Athens and for neutralising or destroying EAM-ELAS bands approaching the city. You may make any regulations you like for the strict controlof the streetsor for the rounding up of any numberof truculents persons. Naturally ELAS will try to put women and children in the van where shooting may occur,... But do not hesitate to fire at any armed male in Athens who assials the British authority or some Greek government and Papandreou is being told by Leeper to stop and help. Do not however hesitate to act as if you were in a conquered city where a local rebellion is in progress. ... We have to hold and dominate Athens. It would be a great think for you to succeed in this without bloodshed if possible, but also with bloodshed if necessary."*[3]

In Athen erwies sich Leeper als treuer Erfüllungsgehilfe. Er teilte Sofoulis und Papandreou die Entschlüsse Churchills mit. Papandreou nahm bereitwillig seine Rücktrittserklärung zurück. Sofoulis sagte, er könne keinen Diktator wie Papndreou unterstützen. Er sei ein Freund Großbritanniens aber nicht sein Sklave.[4] Auch Scobie gehorchte den Befehlen Churchills and verhängte am 4. Dezember den Belagerungszustand und befahl der ELAS, das Gebiet von Athen und Piräus bis zum 6. Dezember zu räumen. Danach würden alle ELAS und EP-Angehörigen, die sich noch dort befanden, als Feinde betrachtet werden. ELAS-Einheiten, die sich von außen auf Athen zubewegten, würden auch als Feinde betrachtet werden.

Die EAM protestierte gegen Scobies Einmischung in die innergriechischen Angelegenheiten. Zweifellos hatte Scobie eine legale Grundlage für seinen Befehl, und Widerstand dagegen würde die offene Konfrontation mit den Briten bedeuten. Die EAM stand vor einem Dilemma: Das taktische Manöver der Regierungsumbildung war fehlgeschlagen. Zu einer direkten bewaffneten Auseinandersetzung mit den Briten war die EAM jedoch nicht bereit, weshalb die Antwort zwiespältig war und offensichtlich auf Zeitgewinn aus war. Die EAM forderte Scobie auf, die Regierung Papandreou nicht längere als Vertretung des griechischen Volkes zu betrachten und sich in der innergriechischen Auseinandersetzung um die Freiheiten des griechischen Volkes neutral zu verhalten.[5]

In den frühen Morgenstunden sandte Churchill erneut Instruktionen an Scobie: *"You are responsible for maintaining order in Athens and for neutralising or destroying all EAM/ELAS bands approaching the city. You may make any regulations you like for the strict control of the streets or for rounding up of any number of truculent persons. Naturally ELAS will try to put women and children in the van where shooting may occur. (...) Do not however hesitate to act as if you were in a conquered city where a local rebellion is in progress. With regard to ELAS bands approaching from the outside wou should surely be able with your armour to give some of these a lesson which will make others unlikely to try. You may count on my support to all reasonable and sensible action taken on this basis. We have to hold and dominate Athens. It*

[1] *Ibidem*, p. 252

[2] *Ibidem*, p. 252.

[3] *Ibidem*.p. 252

[4] EAM-Weißbuch, p. 47; Stavrianos, *Greece*, p. 134

[5] *Ibidem*, p. 44f.

would be a great thing for you to succeed to this without blodshed if possible, but also with bloodshed if necessary."[1]

In seinen Memoiren gibt Churchill zu, dass dieses Telegramm etwas scharf im Ton war, aber er habe an David Balfour gedacht. *"Nevertheless: 'Don't hesitate to shoot', hang in my mind at a prompter from those far-off days."*[2]

Leeper erwies sich wieder als treuer Erfüllungsgehilfe. Er informierte Sofoulis und Papandreou über Churchills Entschlüsse und Papandreou nahm bereitwillig seine Rücktrittserklärung zurück. Sofoulis informierte die Presse und teilte deren Vertretern alle Einzelheiten über den von Churchill verhinderten Regierungswechsel mit. Scobie habe außerdem von ihm verlangt, Papandreou zu zu unterstützen Das könne er nicht tun; er könne keine Diktatur unterstützen; er sei ein Freud Großbritanniens, aber nicht dessen Sklave.[3]

Auch Scobe gehorchte den Befehlen Churchills und verkündete am 4. Dezember den Belagerungszustand. Die ELAS müsse bis zum 6. Dezember das Gebiet von Athen und Piräus räumen. Danach würden alle ELAS-Angehörigen dort als Feinde betrachtet werden. Alle ELAS-Einheiten außerhalb dieser Region sollten dort bleiben, wo sie sich aufhieltm; Bewegungen in Richtung Athens würden als feindliche Handlungen betrachtet werden. Die EAM dürfe nicht länger gegen die Polizeistationen in den Vororten vorgehen; solche Aktionen würden als feindliche Handlungen betrachtet werden. Von der EAM besetzte Stationen würden mit Gewalt geräumt werden.[4]

Mit den Befehlen an Leeper und Scobie hatte sich Churchill für die gewaltsame Lösung entschieden. Athen wurde zur besetzten Stadt und aus dem militärischen Führer der britischen Truppen, wurde der Führer einer Besatzungsarmee. Die Regierung Papandreou wurde zu einer britischen Quislingregierung, deren Entscheidungen in London getroffen wurden. König Georg II. stimmte zu und Papandreou versicherte ihm, dass die Regierungskrise vorbei sei.[5]

Doch in Athen nahmen die Ereiignisse ihren Lauf. Am Morgen des 6. Dezember griffen Athener ELAS-Verbände das Regierungsviertel an. Der Angriff wurde nur mit geringen Kräften vorgetragen, und als die Angreifer auf britische Truppen stießen, ließen sie von ihrem Vorhabenab, so dass der Agriff leicht von der Polizei zurückgewiesen wurde. Dennoch feuerten zum ersten Mal britische Truppen auf ELAS-Angehörige.[6]

Die Zeit bis zum 12. Dezember war durch Zögern und Verhandeln gekennzeichnet. Keine der beiden Seiten war zur totalen Auseinandersetzung bereit. Die ELAS in Athen, war eine Reservetruppe. Die aktiven ELAS-Einheiten lagen noch immer in Thessalien. Die Athener-ELAS war noch nie vollständig mobilisiert worden. Die Stärke der Athener Reserve-ELAS lag zwischen 10 und 15.000 Mann. Die nächsten aktiven ELAS-Einheiten lagen bei Eleusis und Thivai (Theben) mit zusammen 2.000 Mann.

Auf Befehl des ELAS-ZK wurden seit dem 5. Dezember aktive ELAS-Einheiten aus Thessalien in Marsch gesetzt, doch durch Angriffe der RAF verzögerten sich die Marschgeschwindigkeit, so dass sie 11 Tage brauchten bis sie sich Athen näherten.

Scobie war ebenfalls für einen längeren Kampf nicht gerüstet. Seine Hauptkampftruppe

---

[1] Churchill, op. cit., VI , p. 252

[2] *Ibidem*, p. 253.

[3] *EAM-Weißbuch*, p. 41; Stavrianos, *Greece*, p. 134

[4] *Ibidem*, p. 43f; Sarafis, *op.cit.*p. 502.

[5] Pyromaglou, *Kartalis*, p. 452

[6] McNeill, *op.cit.*, p. 171.

war eine Fallschirmjägerbrigade, eine Panzerbrigade und die 3. Griechische Brigade. Insgesamt verfügte er über 15.000 Mann, aber er war überzeugt, dass er mit seien regulären Einheiten die ELAS leicht überwinden könnte.

Die Zeit zwischen dem6 und dem 11. Dezmber war durch langsame Eskalation der Konfrontation geprägt. Beide Seiten verstärkten ihre Kräfte.Gleichzeitig versuchte die EAM jedoch, die direkte Konfrontation mit den Briten zu vermeiden, den großen Konflikt zu vermeiden. Sie richtete Appelle an Scobie, sich nicht in die innergriechischen Angelegenheiten einzumischen und protestierte gegen die britischee Intervention.[1] Zugleich bemühte sich die EAM, Unterstützung durch die anderen Alliierten zu bekommen, indem sie sich am 6. Dezember an die Botschafter der drei Großmächte wandte. Und feststellte, dass die Briten dabei seien, eine monarcho-faschistische Diktatur zu errichten. Man solle eine interalliierte Kommission einsetze, die die Lage untersuche und Abhilfe schaffe.[2]

Am 7. Dezember beklagt sich die EAM in einem weiteren Appell an die Alliierten, dass die Brten Gendarmerie und Tagmata Asfaleias gegen die EAM einsetze. A, 9. Dezember forderte die EAM alle freiheitsliebenden Völker auf zu intervenieren.[3] Sarafis antwortete: *"Der Kampf der jetzt geführt wird, ist kein Kampf gegen Anarchisten, sondern ein Kampf freier Menschen, die ihre Freiheit und Unabhängigkeit erstreben. ... Die britische Regierung möchte offensichtlich einem Volk, das seit acht Jahren gegen den Faschismus und gegen die Okkupation kämpft,eine Staatsführung aufzwingen, die nicht das Vertrauen des Volkes besitzt und die von einem König ernannt wird, dessen Schicksal noch nicht entschieden ist. Auf Wunsch dieser Staatsführunggreifen Sie das griechische Volk und sein Heer an, die Ihnen so viel geholfen haben. Gleeichzeitig ist die britische Regierung im Begriff, Griechenland zu erobern und zu besetzen, wobei sie an die Stelle der Deutschen tritt und das Volk, hnlich wie diese behandelt; dabei ignoriert sie unsere bis heute geleisteten Dienst und unsere Opfer."* ...Sarafis fuhr fort: *"Wenn Sie jedoch auf Ihrer bisherigen Politik bestehen, und wir Ihnen unterliegen sollten, werden wir unsere Pflicht gegenüber Vaterland und Volk voll erfüllt haben. Wir werden uns nicht beugen, da Griechenland sich noch niemals seinen Eroberern gebeugt hat."*[4]

Am 11. Dezember nannte Scobie seine Bedingugen. Die ELAS müsse seinen Befehlen gehorchen, da sie unter seinem Kommando stehe. Sie müsse alle Waffen niederlegen. Da er die Zahl der ELAS-Kämpfer kenne, könne er anhand der abgelieferten Waffen sehen, ob sie seinem Befehl gehorchten. Danach müssten alle Privatarmeen demobilisiert werden. Sobald diese Bedingungen erfüllt seien, werde er den Griechen ungeachtet ihrer politischen Überzeugung ihre politischen Freiheiten zurückgeben.[5]

Das ELAS-ZK antwortete am 14. Dezember, dass es trotz der schreckchen Ereignisse an einer demokratschen Lösung interessiert sei und machte fogende Vorschläge: Bis zur endgültigen Lösung der gesamten militärischen Frage durch die zu bildende Regierung der Nationalen Einheit, stimme man zu, die ELAS aus Athen und Piräus zurückzuziehen. Gleichzeitig müssten sich die Kollaborationsverbände in ein noch festzulegendes Gebiet zurückziehen. Die Gendarmerie müsse entwaffnet werden. Die Kollaborationstruppen und ihre Offiziere müssten

---

1 EAM Weißbuch, p. 46f.

2 *Ibidem*, p. 48f.

3 *Ibidem*, p. 53; Sarafis, *op.cit.*, p. 505

4 Sarafis, *op.cit., p. 507; EAM Weißbuch,* p. 14f.

5 EAM-Weißbuch, p. 171;Byford-Jones, *op.cit.*, p. 184

etwaffnet und interniert werden, damit sie vor Gericht gestelltwerden könnten. Die britischen Truppen dürften nur ihre zuvor vereinbarten Aufgaben wahrnehmen. *"Die politischen Kreise des Landes dürften nicht beeinflusst werden, damit sie schnellstens eine Regierung der Nationalen Einheit bilden können. Diese Regierung wird auf demokratische Weise alle politischen und militärischen Probleme des Landes lösen, auch die Frage der Entwaffnung von Personen, die nicht berechtigt sind, Waffe zu tragen."*[1] Die EAM stimmte am 15. Dezember diesen Vorschlägen zu: *"Das EAM-ZK erklärt, dass es nicht die Macht ergreifen will. Es will keinen coup d'état irgendeiner Art.. Es fordert keine einseitige Regierung der Linken."* Voraussetzung dafür sei die Nichteinmischung in die inneren Angelegenheit von außen. Dazu solle eine Regentschaft gebildet werden, damit man die Regierungskrise ohne Einmischung von außen lösen könne. Es solle eine demokratische Regierung der Nationalen Einheit gebildet werden, die möglicht bald ein Plebiszit und Wahlen für eine konstituierende Versammlung abhalte. Das militärische Problem könne nur durch die Demobilisierungaller freiwilligen Streitkräfe und die Aufstellung eine rnationalen Armee auf der Basis einer regulären Einberufung gest werden. Eine Lösung auf dieser Basis respektiere alle früheren Beschlüsse und bilde keinen Sieg der Linken, sondern einen Sieg der Gerechtigkeit.[2] Letztlich forderte die EAM/ELAS nur das, was auf der Konferenz im Libanon ein halbes Jahr zuvor beschlossen worden war, nur dass jetztgrößere Sicherheiten gefordert wurde, Es waren vernünftige Vorschläge.

Scobie anwortete ausweichend, denn Churchill hatte im am 8. Dezember instruiert, dass alle Waffenstillstandsbedingungen, die das mit dem Waffen erreicht in Frage stellte, abzulehnen seien. Das Ziel sei die Niederlage der EAM. Ein Kompromiß dürfe nur mit seiner, Churchills, Zustimmung eingegangen werden. Scobie antwortete am 10 Dezember. Die Kämpfe sollten auf Athen und Piräus beschränkt bleiben, aber er sei bereit sie auf ganz Griechenland auszudehnen, wenn es notwendig sein sollte.[3] Damit war Scobie durch Churchill vergattert worden. Er durfte keinen Kmpromiß eingehen, sondern er sollte die Niederlage der ELAS herbeiführen. Eine Änderung von Scobies Haltung konnte nur durch eine Änderung von Churchills Politik erreicht werden.

Am 18. Dezember nahm die EAM nochmals Stellung zu Scobies Vorschlägen. Griechenland sei ein souveränes Land und die Wiederherstellung des normalen Lebens sei Sache der Regierung. Diese müsse allerddings auf dem Willen des Volkes beruhen. Die bisherigen Maßnahmen, die Serheitsbataillone und Gendarmerie betreffend seien keine Lösung. Der letzte Absatz zeigte erneut die Kompromißbereitschaft der EAM: sobald ein Übereinkommen erzielt sei, sei man bereit, in Athen und Piräus den Widerstand aufzugeben und sich gleichzeitig mit den gegnerischen Kräften zurückzuziehen. Man akzeptiere eine Entwaffnung, wenn auch der Gegner sie durchführe. Diese müsse durch eine Regierung durchgeführt werden, der beide Seiten vertrauten. Eine Waffenstreckung komme nur gegenüber einer griechischen Regierug in Frage.[4] Scobies Antwort auf diese Vorschläge ist nicht überliefert.

Während dieser ganzen Zeit wurde in Athen gekämpft. Zwischen dem 6. Und 12. Dezember beschränkten sich die ELAS-Angriffe strikt auf Polizei-, Gendarmerie- und Chi-Einheiten. Wenn diese in Schwierigkeiten gerieten, intervenierten die Briten und die ELAS zog sich zurpck. In der Provinz standen viele kleine britischen Einheiten, die von der ELAS in Ruhe

---

[1] EAM *Weißbuch*, p. 57f; Woodouse, *Apple of Discord*, p. 222

[2] EAM *Weißbuch*, p. 68f.

[3] Churchill, Memoirs XI, p. 258.

[4] EAM *Weißbuch*, p. 64f.

gelassen wurden. Seit dem 6. Dezember grif die RAF auch ELAS-Stellungen auf dem Ardettos-Hügel (bei Athen)an..[1] Britische und griechische Militärs unterschätzten die Kampfkraft der Partisanenverbände. Die erste Desillusionierung kam, als ein Angriff der 3. Brigade auf den Ardettos-Hügel unter hohen Verlusten schon im Vorort Kaiseriani abgewiesen wurde.[2] Die Briten machten im Kampf um die Kadettenschule dieselbe Erfahrung.[3] Bis zum 10. Dezember drückte die ELAS systematische die griechischen und britischen Kräfte auf den Stadtkern zurück. (Siehe Karte) Als die Versuche die Briten neutral zu halten, mit Porfyrogennis' Mission gescheitert war,siegten innerhalb des EAM_ZK die "Falken"; es wurde entschieden, auch gegen die britischen Truppen vorzugehen. Inzwischen gewannen die Briten durch Verstärkungen täglich an Feuerkraft. Obwohl die eigenen EALAS-Regulären aus Thessalien noch nicht eingetroffen waren, wurde beschlossen, in der Nacht vom 15. zum 16. Dezember einen allgemeinen Angriff zu starten.[4]

[1] McNeill, *op.cit.,* p. 178

[2] *Ibidem;* Byford-Jones, *op.cit.,* p. 168

[3] McNeill, *op.cit.,* p. 178

[4] *Ibidem*, p. 184

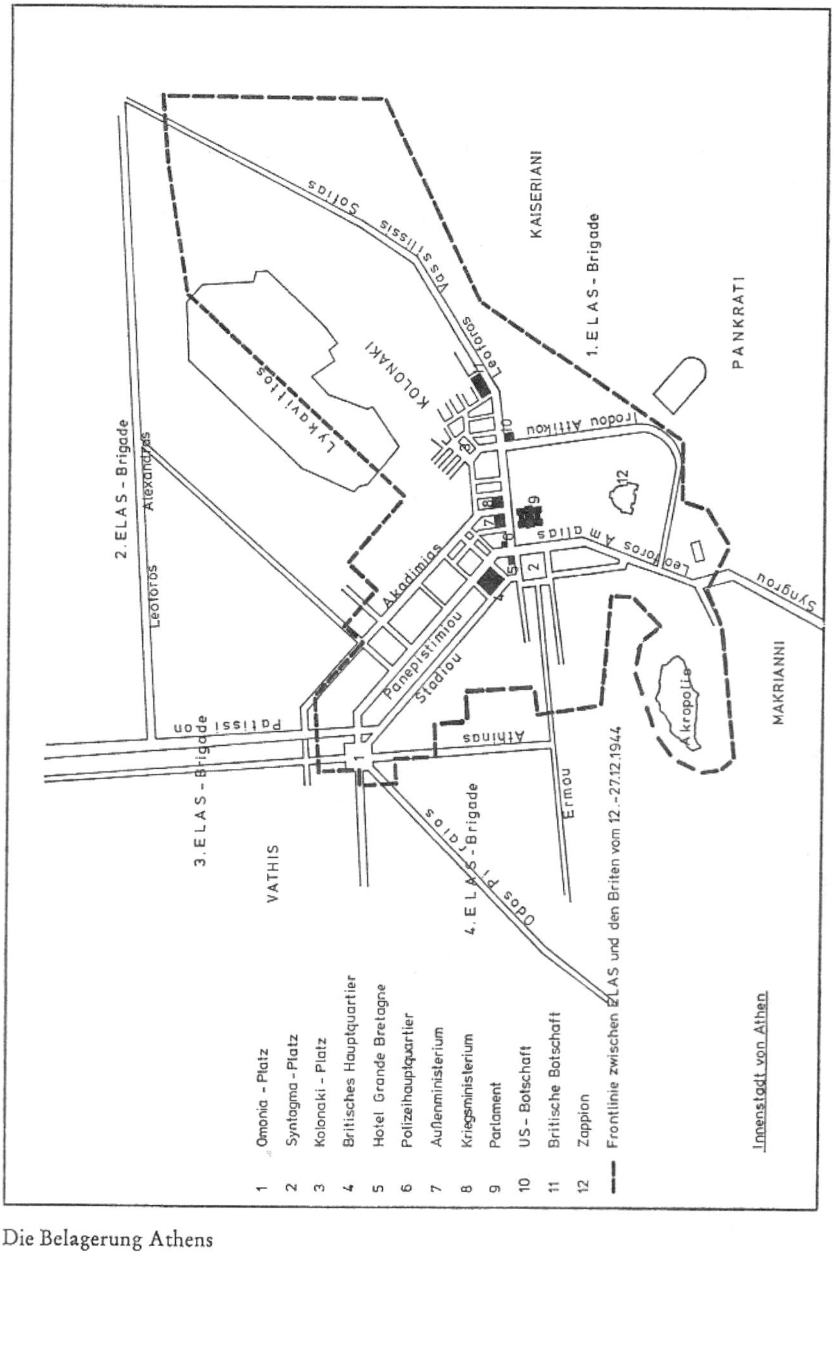

Die Belagerung Athens

Inzwischenhatte General Alexander von General Wilson das Amt des Supreme Alllied Commander Mediterranean übernommen. Kurz zuvor war er in London gewesen, wo ihm Churchill den Auftrag erteilt hatte, selbst nach Athen zugehen und nach dem Rechten zu sehen. Am 11. Dezember kam Alexander zusammen mit Macmlllan in Athen an. Die Lage, die Alexander vorfand, war ernst: die britischen Truppen hatten noch für drei Tage Munition und für achtTage Verpflegung. Alexander sah, dass etwas geschehen musste. Er hielt Scobie nicht für geeignet, diese Kämpfe durchzustehen. Als er am nächsten Tag nach Italien zurückkehrte, sandte er einen neuen General als Chef der kämpfenden Truppe nach Athen. Ferner wurden zwei britische Divisionen nach Athen gesandt werden, was in den folgenden zwei Wochen mit Hilfe amerikanischer Flugzeuge geschah.[1]

Aber nicht nur die Briten wurden verstärkt, sondern auch die griechische Nationalgarde. Auf Anordnung von Papandreou wurden die Jahrgänge 1934–1940 einberufen. Aufgenommen wurde jeder, auch Kriminelle. Bis zu Ende des Kämpfe wurden so 20 Bataillone mit über 19.000 Mann aufgestellt.[2] Die ELAS versucht nu einen Generalangriff, der allerdings schon am 15. Dezember abgeschlagen wurde. Dies war der Wendepunkt der Kämpfe um Athen ud Piräus.

In London fand am 8. Dezember die erste große Parlamentsdebatte über die Ereignisse in Athen statt. Der Labourabgeordnete Seymour Cocks griff Churchill massiv an: *"Der Premierminiister ist eine große natinale Figur. Er sitzt dort im Glanz seiner Erfolge. Ich bin nur ein armer Hintterbänkler und strebe nach nichts Höherem, aber ich hätte mir lieber die rechte Hand bis zum Gelenk abtrennen lassen, ... als dass ich eien Befehl unteschrieben hätte, der der britischen Armee befielt, auf griechische Arbeiter zu schießen."*[3] Cocks forderte eine Änderungder Politik Churchills. Die gegenwärtige Diktatur in Griechenland solle duch eine Koalitionsregierung aller partien ersetzt werden. Zu diesem Zweck solle ein fähiger Staatsmann nach Athen gesandt werden, der dort auf eienr Konferenz aler Parteien versuchen solle, diese Regierung zu erreichen. Für die Zwischenzeit solle ein Waffenstistand verkündet werden. Sobald diese Regierung die Geschäfte übernommen habe, sollten Vorbereitungen für die Vorbereitung für die schnellstmöglich Abhaltung von Wahlen und des Plebiszits getroffen werden. Cocks schloss seine Rede: *"England* und Griechenland sind Freunde seit Menschengedenken. Sie sind immer Vorkämpfer für Freiheit und Demokratie *gewesen. Lassen wir es nicht zu, dass sdie Freunschaft zerbrechen und das Schwert der Freiheit gegen die Kinder der Ereiheit gerichtet wird."*[4]

Der taktische Fehler von Cocks, die Diskussion aufs Allgemeine zu wenden, ermöglichte es Churchill zu rettournieren: *"Wenn man mich für diese Handlung tadelt, werde ich meine Entlassung mit Freude aus den Händen des Hauses entgegennehmen, wenn ich aber nicht entlassen werde, ... werden wr an unserer Politik festhalten.Athen und seine Umgebung von allen Elementen zu säubern. ..."*[5] Der Labourabgeordnete Driberg nannte dieses Verhalten Erpres-

---

[1] Field Marshal Earl Alexander of Tunis, *The Aleander Memoirs 1940-1945* (London, 1985), p. 14

[2] McNeill, *op.cit.,*, p. 181f.

[3] 406 H. C. Deb, 15, , col. 914

[4] *Ibidem*, vol. 917.

[5] *Ibidem*, col. 946

sung.[1] Bei der Abtsimmug stimmten 279 Abgeordnete von 680 für Churchill.und 30 gegen seie Politik. Churchill betrachtete das Ergebnis als einen Sieg und stellte fest, dass er durch parlamentarische Manöver noch mehr Strimmen hätte gewinnen können. Er verschwieg, dass die Mehrheit des Hauses sich der Stimme enthalten hatte.und dieser Teil so groß war wie jener, der seine Politik billigte, [2]

Aber nicht nur Labourabgeordnete waren über Churchills Politik empört. Auch US Präsident Roosevelt war ungehalten. Sein Sohn Elliott berichtete darüber: *"Britische Truppen, die gegen Guerillas kämpfen, die die letzten vier Jahre gege die Nazis gekämpft haben ... Wie können die Briten es wagen, so etwas zu tun. ... Ich wäre nicht überrascht, wenn Winston einfach erklärt hätte, dass er die griechischen Royalisten unterstütze. Das wäre typisch für seinen Charakter. Aber griechische Guerillas umbringen und britische Soldaten für einen solchen Job zu verwenden. ... Wahrscheinlich wird dabei auch amerikanisches lend-lease Material verwendet."* Der Präsident sagte, dass er Churchill verurteilen werde, wenn er ihn im Februar treffen werde.[3] Inzwischen verweigerten die Amerikaner den Schiffstransport jener beiden Divisionen. Befohlen wurde dies von Admiral King, veranlasst durch das State Depatment unter Stettinius. Dieser schlug als Lösung vor:1.Druck auf die Briten; 2. US-Vermittlung; 3. Errichtung einer US-UdSSR-GB-Kommision, die ein faires Vorgehen sicherstellte. Nach Ansicht des State Departments wäre es das beste, wenn der König einer Regentschaft zstimmte und außerdem erklärte, er werde nicht vor einem Plebiszit zurückkehren.[4]

Roosevelt regierte mit einer Botschaft an Churchill, in der er sich von dessen Vorgehen distanzierte und sein Missfallen über dessen Vorgehen in Griechenland ausdrückte. Churchill solle doch Georg II zu einer Regentschaft bewegen und dieser eine entsprechende Erklärung über seine rückkehr abgeben.Er empfehle die Entwaffnung aller Gruppen, einschließlich aller Kollaborationsverbände; die britischen Truppen sollten allein für Ruhe und Ordnung sorgen.[5] Churchill charakterisierte dese Botschaft als überaus freundlich, obwohl die Kritik darin manifest war,

Zu dieser moderaten Kritik kam noch eine weitere, weitaus schärfere, die ihren Eindruck auf Churchill nicht verfehlte. In Lodnon fand nämlich zu dieser Zeit der alljährliche Parteitag der Labour Party in der Central Hall statt. Die mInformationen aus Griechenland bildeten das Hauptthema der Tagung. Einige Delegierte meinten, dass sich der Charakter des Krieges ändere und Churchill verwandle sich wieder in den Interventionspolitiker von 1918/19. Es war offensichtlich, dass die Mehrheit der Delegierten gegen die Politik Churchills war. Die Labour-Minister im Kabinett waren isoliert. Schließlich einigte man sich auf einen Kompromißvorschlag. Es müsse ein sofortiger Waffenstillstand geschlossen und die Verhandlungen wiederaufgenommen werden. Churchills Politik von kein Friede ohne Sieg war abgelehnt.[6]

Doch es wurde noch schlimmer: Churchills don't hesitate to shoot telegram" wurde am 14. Dezember in der Washington Post veröffentlicht und löste in den USA und in Großbritannien

[1] *Ibidem*, col. 918

[2] *Ibidem*, cols. 1001, 1010

[3] Elliot Rosevelt, *As he saw it (*New York, 1946), p. 222f

[4] *FRUS 1944,* V, p. 148f.

[5] *Ibidem*, p. 150; Churchill, *op. cit.*, p. 267.

[6] Michael Foot, *Aneurin Bevan: A Biography* (London,1962), p. 486; Churchill, *Memoirs*, XI, p. 265

einen Proteststurm aus.[1] Auch der kanadische Ministpräsident Mackenzie King kritisierte Churchill.[2] Nur der südafrikanisch Präsident Smuts versicherte Churchill am 14 Dezember seiner vollen Unterstützung: Die EAM müsse unterdrückt werden und dann solle Georg II. zurückkehren.[3]

Diese Aussagen verunsicherten dennoch Churchill und er sandte Macmillan und Alexander nach Athen, wo die am 11. Dezember ankamen. Inzwischen hatte Leeper sich mit der Idee einer Regentschaft angefreundet, die der SIS-Agent Frank Mackaskie entwickelt hatte.. Diese Regentschaft sollte mit Damaskinos gebildet werden und werde all Argumente der Linken entkräften.und die Feindseligkeiten beenden. Leeper hatte darüber nach London berichtet.[4]

Nach ihrer Ankunft in Athen informierten sich Macmillan und Alexander über die Lage, Leeper trug ihnen den Regentschaftsplan vor, und beide erkannten seine Nützlichkeit, denn in der EAM gab es viele Nichtkommunisten, die befürchteten, dass eine königliche Regierung rechts und reaktionär sein und den Kollaboateiren zuviel Einfluß eingeräumt werden wüde. Die Lieberalen und Venizelisten waren überzeugt, dass der König sich gegen sie wenden werde. Die Regentschaft bot einen Ausweg: sowohl die Republikaner als auch die Royalisten würden zufrieden gestellt werden. Das Ergebnis wäre eine Versöhnung der bürgerlichen und gemäßigten Elemente und eine gemeinsame Front gegen die Kommunisten.[5]

Am 11. Dezember fasste Macmillan und Alexander ihre Erkenntnisse in einem gemeinsamen Telagramm an Churchill zusammen. Die emilitärische Lage sei düster und nur eine Regentschaft unter Damaskinos könne eine neue Regierung bilden. Er als Regent könne mit den rechten Notabeln verhandeln und eine Versöhnung erreichen, ohne dass die Briten eingreifen müssten.[6] Alexander dsndte ein Telegram an Churchill, woring er diesen um Erlaubnis bat, zusammen mit Mamillan Gespräche mit Damaskinos beginnen zu dürfen.[7]

In London suchten Churchill und Eden am 12. Dezember Georg II. auf. Der König lehnte eine Regentschaft ab, weil man dann in Griechenland annehmen werde, er gebe seine Sache auf.[8] In den folgenden Tage gab es weitere Gespräche mit dem König, bei denen ihm Churchill vorschlug, dass man Damaskinos zum Premier mache. Macmillan und Alexander lehnten dies ab, weil Damaskinos dies nicht akzeptieren werde. Churchill möge den König dazu bringen, die Regentschaft zu akzeptieren. Macmillan warnte Churchill, dass falls der König den Vorschlage nicht abzeptiere, es große Schwieirigkeiten auch mit den USA geben werde. Der König müsse dem Vorschlag zustimmen, anderenfalls werde es lange verlustreiche militärischen Operationen in Griechenland geben und internationale politische Komplikationen.[9]

Nun meldete sich auch Papandreou zu Wort. Solange er das Vertrauen des Königs besitze, sei eine Regentschaft ausgeschlossen. Die ngegenwärtige Krise sei durch die Kommunisten hervorgerufen worden. Tatsächlich waren aber die demokratischen Parteien seine Hauptgegner. Zurecht interpretierte Pyromaglou Papandreous Streben als eines nach der Errichtung einer neuen diktatorischen Dyarchie entstrechend der des 4. August.[10] Papandreou sah als Hauptaufgabe die Zerschlagung der Linken. ER beschwor die kommunistische Gefahr, um vom ei-

---

1 Stavrianos, *Greece*, p. 135
2 Churchill, *Memoirs* XI, p. 270
3 *Ibidem*, p. 187
4 Ibidem, p. 267
5 Macmillan, *op.cit.,* p. 608f.
6 *Ibidem*, p. 609.
7 *Ibidem*, p. 610
9 Churchill, *Memoirs*, XI, p. 264.
9 *FRUS* 1944, V, p. 156f
10 Pyromaglou, *Kartalis*, p. 454

gentlichen Problem, der Demokrtisierung der Gesellschaft abzulenken. Es liegen Botschaften von Papandreou an den König vor, die beweisen, dass von einer Regentschaft abriet.[1]

Am Morgen des 14. Dezember hatten Macmillan und Leeper eine Unteredung mit Papandreou. Sie drängten ihn, ihnen gemäß Churchills Auftrag zu gstatten, dem König die Regentschaft zu empfehlen. Papandreou zögerte, denn er befürhtete, das Damaskinos drastische Umbesetzungen im Kabinett vornehmen könnte. Beim erneuten Treffen am Abend behauptete Papandreou, dass alle Parteiführer gegen die Regentschaft seien, die als Schwäche angesehen werde. Jetzt müsse der Kommunismus zerschlagen werden. Diese unklare Haltung Papandreous ermöglichte es Churchill und Georg II,.an ihrem harten Kurs festzuhalten.[2]

Am 15. Dezember unternahmen Leeper und Macmillan den Versuch, die griechischen Politiker dazu zu überreden, eine Regentschaft zu akzeptieren. Wenn es zu Waffennstillstandsverhandlungen komme, müssten diese von einem Regenten geführt werden; Die Ernennung von Damaskinos werde auch die Amerikaner zufrieden stellen. Papandreou stimmte zu, aber es sollte kein Regent ernannt werden, sondern ein Regenschaftsrat aus Damaskinos, Plastiras und Dragoumis. Das Verhalten Papandrous ist klar, denn er wollte zumindest einen royalistischen Politiker dabei haben, aber das Gremium war insgesamt antikommunistisch. Damaskinos war zwar auch ein Antikommunist, aber er erklärte, er werde für eine allgemeine Amnestie eintreten und die britische Armee müsse dafür sorgen, dass es keine Repressalien gegen die EAM/ELAS gäbe und dass eine neue Regierung aus allen Parteien und Wiederstandsorganisationen gebildet werde. Offensichtlich wollte Damaskinos keine Konterrevolution.[3]

Zwar versuchte Papandreou nochmals, diesen Vorschlag zu hintertreiben, indem er dem König an Stelle von Damaskinos die Ernennung eines Regentschaftsrates empfahl.[4] Papandreou versuchte London gegen die britischen Politiker in Athen auszuspielen. Macmillan stellte die Dinge in einem weiteren Telegramm wieder richtig.[5]

Die Politiker des griechischischen Kabinetts verlangten von Damaskinos, dass im zukünftigen Kabinett kein EAM-Anhäner sein dürfte. Damaskinos wandte sich an Macmillan, der ihm empfahl eine eigene Erklärung abzugeben, doch die Politiker ließen sich nicht beeindrucken. Unterstüzt von Papandreou glaubten sie, dass die Briten nicht nur Athen und Piräus von der ELAS säubern würden, sondern in ganz Griechenland. Durch ihre schwankende Haltung in der Regentschaftsfrage versuchten sie, das Ende des Bürgerkrieges hinauszuzögern und die Briten immer tiefer in ihn zu verstricken. Sie wollten die Briten damit zu Instrumenten der Unterdrückung zu machen und ihre eigene Position völlih unverändert zu bewahren. Der König interessierte sie nicht, sie waren nur an der Erhaltung ihrer oligarchischen Herrschaft interessiert. Dabei konnten sie auf die Unterstützung Churchills rechnen, da er die Monarchie restaurieren wollte. Macmillan war anderer Ansicht und beschloss diese Papandreou klarzumachen. Scobie ging in seinem Auftrag zu Papandreou und erklärte ihm recht deutlich, *"dass wir nicht (ich wiederhole nicht) bereit waren, das Werkzeug der rechten Reaktion in ganz Griechenlkand zu werden. Wir wollen eine versöhnliche Lösung und würden es nicht zulassen, in einen langen Krieg hineingezogen zu werden, um die kommunistische Partei von einem Ende Griechenlands zum anderen auszurotten."*[6]

Am 17. Dezember berichtete Churchiil Roosevelt über seine Sicht der Lage in Griechenland. Er verdächtigte Makarios machtgierig zu sein und versuche mit der EAM gegen die

[1] *FRUS* 1944, V, p. 157
[2] Macmillan, *op.cit.*, p. 612.
[3] *Ibidem*, p. 816.
[4] *FRUS* 1944, V, p. 158.
[5] Macmillan, *op.cit.*, p. 618.
[6] *Ibidem*; *FRUS* 1944, V,, p. 181

gegenwärtigen Minister vorzugehen. Durch die Einsetzung einer Ein-Mann-Regenschaft werde in Griechenland eine Diktatur errichtet. Außerdem lehne Georg II dies ab, denn er misstraute Damaskinos. Außerdem sei gemäß der Verfassung der Kronprinz der Regent. Die griechischen Minister seien gegen eine Regentschaft und der König könne nicht über ihre Köpfe hinweg entscheiden. Das War Cabinet habe entschieden, noch drei oder vier Tageu warten. Bis zur folgeden Woch hoffe er die militärische Überlegenheit gewonnen zuhaben. Unter diesen Umständen lönne er keine nicht verfassungsgemäße Gewalt anwenden. Es gebe Anzeichen, dass die ELAS zum Nachgeben bereit sei. [1]

In Athen gingen die Verhandlungen weiter. Papandreou hielt an seinem Kurs des Endsieges über die Kommunisten fest. Macmillan war entsetzt und notierte in sein Tagebuch: *"Er mag von seinem Standpunkt und vielleicht auf lange Sicht gesehen für Europa recht haben. Ich glaube aber, dass er keine Ahnung von unseren militärischen Schwierigkeiten und von den Gefahren an seiner nördlichen Grenze hat. Wir wollen der Dritten Weltkrieg gegen Rußland nicht vor der Beendigung des Zweiten gegen Deutschland anfangen und sicher nicht, um Papandreou einen Gefallen zu tun."*[2]

Am 17. Dezember verlangte Churchill von Alexander einen genauen Lagebeircht. Er habe nicht die Absicht Griechenland zu unterwerfen oder zu besetzen. Die Aufgabe der Briten sei es, eine breite politische Basis zu schaffen, auf der eine breite griechische Regierung arbeiten könne. Georg II. habe eine Regentschaft von Damaskinos abgelehnt und auch er habe Negatives über ihn gehört. Daher werde man erst eine Entscheidung treffen, wenn die die Rebellen geschlagen seien. Er selbst sei dann bereit mit ihnen zu verhandeln.[3] Am 19, Dezember wandte sich Churchill erneut an Alexander. Man solle die militärischen Operationen weiter laufen lassen, statt alle Hoffnung auf den Erzbischof zu setzen. Es komme ihn schwer an, einen konstitutionellen Monarchen zu stürzen und an seine Stelle einen Diktator zu setzen, der leicht zum Exponenten der extremen Linken werden könne.[4] Auch an Macmillan richtete er ein analoges Telegram. Er hatte also nach wie vor die Absicht, Georg II. zu restaurieren. Dabei nahm er sogar in Kauf, seine eigenen Leute in Athen zu desavouieren.

Am 21. Dezember telegrafierte Alexander an Churchill. Es sagte, dass er mit seiner gegenwärtigen Truppenstärke Athen und Piräus von der ELAS säubern könne, aber das sei kein Sieg über sie. Weiter reichende Operationen seien unmöglich, das habe schon die deutsche Besatzung gezeigt. Das griechische Problem sei nicht militärisch zu lösen.[5] Macmillan unterstützte Alexanders Argumente durch ein Schreiben an Eden: Man müsse eine politische Lösung finden. Die einzige Möglichkeit sei die Regentschaft von Damaskinos. Auch Leeper sei dieser Meinung, Georg II. sei störrisch und arbeite jetzt mit Verfassunstricks. Früher, als er Metaxas zum Diktator machte, habe er sich um die Verfassung keinen Pfifferling geschoren. Was die Politiker angehen, so stellten diese alles in Schatten was er bisher im Mittelmeerbereich erlebt habe. Er bezweifle, dass die Opposition gegen die EAM wirklich so groß sei. Nur eine gemäßigte, vernünftige progressive Politik könne die breite demokratische Anhängerschaft der EAM von ihrem revolutionären Kern der KKE trennen. Die gegenwärtige Politik schwäche aber die EAM auf keinen Fall. Wenn der König vor zwei Wochen die Regentschaft akzeptiert hätte, wäre jetzt schon Frieden und der Tod vieler britsicher Soldaten vermieden worden. Die griechischen Minister fühlten sich unter dem Schutz britischer Bajonette wohl und hätten nur aus

---

[1] Churchill, *Memoirs* XI, p. 268
[2] Macmillan, *op.cit.*, p. 617.
[3] Churchill, *Memoirs*, XI, p. 272f.
[4] *Ibidem*, p. 273
[5] Macmillan, *op.cit.*, p. 621

Sorge dass Damaskinos absetzen könne, gegen die Regentschaft agiert. Churchill solle den König zur Annahme der Regentschaft bearbeiten.[1] Doch Georg II dachte nicht daran nachzugeben. Er hielt sich an Papandreous Vorschläge.[2]

In Athen waren inzwischen die Verhandlungsangebote der EAM eingegangen und bewiesen die Verhandlungsbereitschaft der Linken. Leeper glaubte, dass die EAM zu Verhandlungen bereit sei, aber die dann einzuberufende Konferenz könne nur unter einer Regentschaft Erfolg haben. Nur die Populisten und der König stellten halsstarrig ihre Interessen über die der griechischen Nation. Dadurch drohe eine unbegrenzte Verlängerung der gegenwärtigen Kämpfe.[3] Die Entscheidung lag jetzt in London bei Churchill und Georg II.

Am Morgen des 16. Dezember musste Churchill zum zweiten Mal die Kritik des Unterhauses über sich ergehen lassen. Als er gefragt wurde, ob die Alliierten seiner Politik zustimmten, wich er aus,[4] und überließ am Nachmittag Eden die Beantwortung.[5] Der Labour-Abgeordnete Arthur Greenwood betonte, dass die Lage in Griechenland nur durch eine politische Intervention bereinigt werden können, nämlich edie Regentschaft. Er schloss: *"Ich bitte die Regierung, im Interesse des griechischen Volkes, im Interesse seiner Zukunft, im Interesse unserer Beziehungen zu dem griechischen Volk, im Interesse der Ehre unseres Volkes vor dem Angesicht der Welt, das Schießen zu beenden und zu einer politischen Lösung zu kommen."*[6]

Der Laour-Vorsitzende Aneurin Bevan griff Churchill und Eden direkt an. Sie hätten die in Griechenland vorhandene Situation völlig verzerrt dargestellt. *"Warum legt die ELAS die Waffen nicht nieder und akzeptiert die Versicherungen des Außenministers? Ich will es Ihnen sagen. Die Griechen trauen der griechischen Regierung nicht, weil die britische Regierung seit mehr als zwei Jahren intrigiert, um König Georg von Griechenland auf den griechischen Thron zurückzubringen."*[7] Die Lösung wäre eine beiderseitige Entwaffnung. *"Warum legt die ELAS die Waffen nicht nieer und akzeptiert die Versicherungen des Außenministers? Ich will es Ihnen sagen. Die Griechen trauen der griechischen regierung nicht, weil die britische Regierungseit mehr als zwei Jahren intrigiert, um König Georg von Griechenland auf den griechischen Thron zurückzubringen."*[8] Er wollte wissen, ob die britische Regierung bereit sei, den Intrigen Georgs Einhalt zu bieten. Um die Griechen zu überzeugen, sei es notwendig, dass bei Seiten die Waffen niederlegten, und dass sie der Regentschaft zustimmten. Wenn der König wirklich der Patriots sei, als den ihn Eden darstelle, könne er seinem Land die Agonie ersparen und zustimmen. ER hoffe, dass die britische Regierung der Rgentschaft zustimme und dass die Amerikaner an der Überwachung des Plebiszits teilnähmen.[9] Daraufhin trat Eden die Flucht nach vorn an, indem er der Regentschaft zustimmte, die diebeste Lösung wäre.[10]

An 21. Dezember fand eine Kabinettsitzung statt. Churchill wehrte sich gegen Damaskinos als Regenten, der sei ein Quisling und Kommunist.[11]Dann bemitleidete er sich selbst wegen der Opposition im Kabinett. Seiner Meinung nach führe die Regentschaft Macmilllans zur Diktatur

---

[1] *Ibidem*, p. 622; *FRUS* 1944, V, p. 167
[2] *Ibidem*, p. 161
[2] *FRUS* 1944, V, p. 165
[4] 408 H.C. DEB, 58, col. 753
[5] Eden, *op.cit.*, p. 499
[6] 406 H.C.DEB, 58, col 1864.
[7] *Ibidem,* col. 1878
[8] *Ibidem.*
[9] *Ibidem*, col. 1879.
[10] *Ibidem*, col. 1907
[11] Eden, *op.cit., p. 499.*

in Griechenland.[1]

Am 22. Dezember legte Eden Beweismaterial über die Haltung des Königs vor. Mit Beweismaterial von Agnidis bewies Eden, dass Georg die britische Regierung belog. Daraufhin ließ Churchill den König zu sich rufen. Bei diesem Gespräch stellte es sich heraus, dass Georg II zumindest eine Botschaft von Papandreou den Briten vorenthalten hatte. Churchill musste das einsehen, aber blieb dennoch auf des Königs Seite. Aber er schwankte in seinen Urteilen. Doch dieses Schwanken wurde 13. Dezember durch einen Brief Edens beseitigt.

Eden ließ ihn am 23. Dezember wissen, dass er auch nach seiner Unterredung mit dem König an der Notwendigkeit einer Regentschaft festhalte. Papandreou könne nicht im Amt bleiben nachdem die EAM Scobies Bedingungen akzeptiert habe. Es müsse ein neues Kabinet auf breiter Grundlage unter Einschluss der EAM gebildet werden. Der König scheine zu glauben, er könne von London aus eine solche Regierung telegrafisch bilden. Das sei unmöglich: Das könne nur der Regent vor Ort machen. Falls man keinen Regenten habe, müssten dies die britischen Diplomaten vor Ort übernehmen. Papandreou könne auf keinen Fall eine Nachfolgeregierung organisieren. Eden erinnerte Churchill daran, dass es die Hauptwaffe der EAM gewesen sei, zu behaupten, die Briten beabsichtigten den König mit Gewalt zu restaurieren. Deshalb müsse ein Regent ernannt werden und der König müsse erklären, dass er erst nach einem Plebiszit zurückkehren werde. Eine gegensätzliche Haltung des Königs werde die Schwierigkeiten nur verewigen.[2]

Doch nun fasste Churchill einen für ihn typischen Entschluss. Er beschloss, selbst nach Athen zu fliehen und forderte Eden zu dessen Missvergnügen auf, ihn zu begleiten.

---

[1] *Ibidem.*

[2] Eden, *op.cit.*, p. 500f.

Churchills Besuch in Athen - die Niederlage der Demokraten Der Vertrag von Varkiza

Churchills und Edens Flugzeug landete am Mittag des 25. Dezember auf dem Flughafen von Ellinikon. Noch im Flieger fand eine erste Konferenz mit Macmillan, Alexander und Leeper statt. Nach drei Stunden harten Ringens wurde entschieden, die von Macmillan geplante Konferenz aller Gruppen einzuberufen.[1] Am Abend desselben Tages kamen Papandreou und Damaskinos zu einer weiterenKonferenz an Bord des leichten Kreuzers"Ajax" zusammen. Churchill, der sein Vorurteil gegen den Erzbischof noch immer nicht aufgegeben hatte, änderte seine Meinung nach wenigen Minuten Unterhaltung mit ihm.[2] Es wurde volle Übereinstimmung erzielt und beschlossen die geplante Konferenz für den nächsten Tag einzuberufen. Welchen Eindruck Damaskinos auf Churchill gemacht hatte, geht aus seinem telegrafischen Bericht an das War Cabinet und besonders aus seinem Telegramm an Roosevelt hervor. Auf einmal nannte er die Nichtrückkehr des Königs vor einem Plebiszit als Verhandlungsgrundlage.[3]

Am Nachmittag des 26. Dezember versammelten sich im griechischen Außenministerium die britischen Vertrter, der US-Botschafter Mac Veagh, der französische Gesandte M. Jean Baelen und der sowjetische Militärattaché Popow. Von der griechischen Seite waren Plastiras, Sofoulis, Kafandaris, Maximos, Dragoumis und Papandreou anwesend; den Vorsitz übernahm Damaskinos. Er begrüßte die Anwesenden, dann begann Churchill seine Ansprache. Er wurde durch die Ankunft der EAM-Vertreter Siantos, Partsalidis, und Mantakas unterbrochen. Damaskinos und Churchill wiederholten, was sie zuvor gesagt hatten. Churchills Ansprache war gemäßigt und versöhnlich. Er betonte die Bedeutung dieser Konferenz und wies die ELAS auf die militärische Stärke der Briten hin. Den Politikern machte er klar, dass die britischen Truppen nicht zu Instrumenten einer reaktionären Politik werden würden. Er wolle Frieden, Amnestie und Wiederaufbau worin er von Stalin und Roosevelt unterstützt werde. Er sprach sich für die Errichtung einer griechischen Regierung auf breiter Basis und für freie faire Wahlen aus. Die Staatsform sei eine rein griechische Angelegenheit.[4] Nach Churchill sprach Alexander und erklärte, dass er lieber griechische Truppen nach Italien als britische nach Griechenland senden würde. Nach weiteren Höflichkeitsadressen verließen alle Ausländer die Konferenz und überließen den Griechen die weiteren Verhandlungen.

Einen Augenblick lang drohten die Gegensätze die Konferenz zu sprengen, aber dann gelang es Damaskinos, die Verhandlungen in ruhigere Bahnen zu lenken. Man einigte sich darauf, die Konferenz am nächsten Tag in größerem Rahmen fortzusetzen.Anschließend fühlte Damaskinos vor, was die Konferenz von einer unpolitischen Regierung Plastiras halte, und stieß auf ein positives Echo. Vorbedingung sei aber, dass er die Regentschaft übernehme. Darin stimmten alle Konferenzteilnehmer überein. Ganz allgemein zeigte sich die Bereitschaft bei allen Teilnehmern, die gegenwärtige Krise zu überwinden.[5]

Am Morgen des 27. Dezember versammelten sich die griechischen Politiker wieder. Hinzu

---

1 Macmillan, *op.cit.*, p. 625; Churchill, *Memoirs,* XI, p. 276; Eden, *op.cit.,* p. 213.

2 Alexander *Memoirs,* p. 243; Macmillan,, *op.cit.*, p. 625

3 Churchill, *Memoirs,* XI, p. 173f.

4 *Ibidem*, p. 280; Macmillan, *op.cit.*, p. 628; Byford-Jones, *op.cit.,* p. 213ff.

5 FRUS 1944, V, p, 171f; Byford-Jones, *op.cit.*, p. 218; EAM *Weißbuch*, p. 69.

waren die Vertreter der Agrarpartei (Mylonas), der Sozialisten ((Sofianopoulos), der Unabhängigen (Kanellopoulos) und der Populisten (Tsaldaris, Periklis Ralis, Spyros Theotokis und Gonatas). Woodhouses schreibt über sie: *"Diese imponierende Versammlung, in der nach der Meinung mancher Leute selbst die passive Kollaboration durch Gonatas repräsentiert war, hatte kaum eine Ahnung, warum man sie zusammengerufen hatte und was sie diskutieren sollte. Obwohl sie alle politischen Richtungen repräsentierten, waren nur wenige von ihnen-aus dem politischen Koma erwacht, in dem sie seit 1936 dahindämmerten."*[1] Die Konferenz begann zunächst ohne die EAM-Führer.

Schon an diesem ersten Teil der Verhandlungen zeigte sich deutlich der alte Antagonismus von Republikanern und Royalsiten. Papandreou verfolgte seine bekannte Taktik, um so an der Macht zu bleiben. Das Argument der Royalisten, dass die Linke zuerst die Waffen niederlegen sollten, ist völlig durchsichtig; sie hofften danach Anwendung von Gewalt das von ihnen angestrebte Ergebnis erzielen zu können. Die Republiner standen vor einem Dilemma: Forderten sie die Errichtung der Regentschaft, dann assoziierten sie sich mit der Linken; lehnte sie die Regentschaft ab, drohte die Restauration der Monarchie. Einzig Papandreou verfolgte einen klaren Kurs: Er wollte an der Macht bleiben und hoffte dieses Ziel als Vorkämpfer der nationalen Einheit zu erreichen. Nach Papandreous Ausführungen trafen die Vertreter der EAM ein. Kafandaris erklärte auf Papandreous Ausführungen und Angriffe, dass er keinesfalls die Linke verteidige, er betrachte jedoch Papandreous Verhalten in Bezug auf die 3. Brigade als Fehler, wenn Papandreou den Konflikt gesucht hätte, hätte er einen anderen Vorwand finden können als die Entwaffnung von 2000 Prätorianern finden können, besonders weil er zunächst ihrer Entwaffnung bzugestimmt hatte und erst später seine Meinung wieder geändert habe. Papandreou sei nach Athen gekommen, ohne sich um die politischen Parteien zu kümmern. Sein Verhalten sei undemokratisch. Sollte er heute seinen Rücktritt erklären, so interessiere das niemand. Die Krise werde nur durch die Regentschaft beendet, nicht durch seinen Rücktritt.[2]

Damaskinos fragt die Vertreter der Linken, ob sie bereit wären gegenüber eine rneuen Regierung die Waffen niederzulegen. Siantos antwortete, daas dies primär eine Frage zwischen der ELAS und den Briten sei. Man werde die Waffen erst niederlegen, wenn eine Regierung der Nationalen Einheit gebildet sei. Nur eine neue Reegierung, die den Vorschlägen der EAM zustimme und deren Zusammensetztung den Vorstellungen der EAM entspreche könne die Waffenniederlegung erreichen.[3] Partsalidis fügte hinzu, dass die Regentschaft eine Vorbedingung dafür sei. Beim Rücktrittsangebot von Papandreou am 4. Dezember hätte eine Regierungswechsel genügt; jetzt sei die Regentschaft eine *conditio sinc qua non.*[4]

Nach weiteren Hin und Her informierte Damaskinos die EAM-Delegierten: Fafandaris, Sofoulis, Mylonas, Sofianopoulos, Plastiras, Maximos, Gonatas und Kanellopoulos hätten sich für die Regentschaft ausgesprochen; Theorokis, Alexandris, Rallis Tsaldais, Stefanopoulos und Papandreou seien dagegen. Dazu kämen noch die Drei Stimmen der lInken. Die Mehrheit sei also für die Regentschaft und damit sei diese Frae geklärt.[5]

Die EAM legte darauf ihr Programm für die Regierungg vor. Siantos sagte, dass diese Re-

---

[1] Woodhouse, *Apple of Discord,* p. 223

[2] EAM *Weißbuch*, p. 71; Byford-Jones, *op.cit.,* p. 222

[3] *Ibidem.*

[4] *Ibidem*

[5] *Ibidem, p. 72;* Byford-Jones, *op.cit.* , p. 224

gierung wirklich eine echte Regierung der nationalen Einheit sein müsse, deren Programm wirklich realisiert werden müsse. Er nannte folgende Bedingungen:

1. Bestrafung der Kollaborateure;
2. Säuberung des Staatsapparats von allen Angehörigen des 4. Augusr Regimes und Kollaborateuren.
3. Auflösung der Gendarmerie (politisch einwandfreie Gendarmen könnten ihre Posten behalten). Bei der Stadtpolizei sei das Offizierscorps zu säubern; die Mannschaften sollten weiter Dienst tun. Außerhalb der Stadt werde die Nationalgarde die Ordnung aufrechterhalten.
4. Schaffung einer Nationalen Armee auf der Basis der Rekrutierung aus allen freiwilligen Verbänden; anschließend allgemeine Einberufung von drei bis vier Jahrgängen. Säube rung der Armeekader durch entsprechende Institutionen.
5. Bildung einer Regierung unter einem Premier allgemeinen Vertrauens. 40 bis 50 pro zentige Beteiligung an der Regierung; die Ministerien des Inneren und der Justiz, die Staatssekretariate der Verteidgung und des Äußeren. Das Gewicht der Linken in der neuen Regierung sollte jedoch das in der vorangegangenen nicht überschreiten. An einem Sonntag im Februar Abhaltung des Plebiszits. Freie Wahlen für das Parlament im April.[1]

Über diese Bedingungen kam es nicht mehr zu einer Diskussion. Plastiras erklärte sie für unannehmbar, und die Populisten verließen unter Protest die Konferenz. Auch Sofoulis wandte sich gegen eine Diskussion. Dammaskinos vertagt die Konferenz auf unbestimmte Zeit.[2] Das einzige Ergebnis der Konferenz war die Klärung der Frage der Regentschaft und der Rücktritt Papandreous.

Am Nachmittag des 27. Dezember baten Siantos und Partsalidis um ein persönlichees Gespräch mit Churchill. Hier bot sich die Chance, in direktem Gespräch zwischen den beiden Antagonisten einige Vorurteile auszuräumen. Churchill war geneigt, die beiden zu empfangen. Macmillann und Eden waren dagegen, weil sie eine Verständigung befürchteten.[3] Churchill gab zu verstehen, dass er einem Treffen nicht abgeneigt sei., da aber diese Konferenz eine rein griechische Angelegenheit sei, sei ihm eine Einmischung nicht erlaubt. Ein Gespräch mit den beiden würde den Anschein erwecken, es handle sich um Verhanlunegn außerhalb der Konferenz. Er hoffe, dass der Konflkt bald ein Ende finde.[4]

Churchill war über diese Lösung nicht glücklich. Zur selben Zeit suchten Macmillan und Leeper Papandreou auf und drängten ihn, dem König mitzuteilen, dass die Konferenz sich einstimmig für die Regentschaft ausgesprochen habe. Mit Ausnahme der Populisten hätten alle für die sofortige Errichtung der Regentschaft gestimmt. Die Populisten wollte erst nach der Beendigung der Feindseligkeiten zustimmen, da ihre Zustimmung wie ein Zugeständnis an die Insurgenten aussehen würde. Er, Papandreou, sei für die sofortige Errichtung der Regentschaft.[5]

Am Abend trafen sich Churchill und Damaskinos, Der Erzbischof war bereit, die Regentschaft zuübernehmen. Churchill solle entsprechend auf den König einwirken. Dann ent-

---

[1] *Ibidem*, Byford-Jones, *op.cit.*, p. 219

[2] *Ibidem.*

[3] Macmillan, *op.cit.*, p. 630.

[4] Text in EAM *Weißbuch*, p. 73; Churchill, *Memoiren*, XI, p. 282

[5] Macmillan, *op.cit.*, p. 631; *FRUS*, V, p. 175

wickelten er und Churchill ihre politischen Absichten: Damaskino s würde eine neue Regierung ohne Kommunisten bilden, während die Briten mit aller kRaft weietrkämpfen, bis die ELAS einen Waffenstillstand akzeptierte oder Athen von ihr gesäubert wäre. Churchill erklärte Damaskinos, dass sich die britischen militärischen Maßnahmen auf Athen beschränkten. Er werde aber die britischen Truppen bis zur Bildung der neue griechischen Armee in Griechen -land belassen.[1]

Churchill war von Damaskinos Verhalten immer mehr begeistert; seine ablehnende Haltung gegenüber den EAM-Führern verursachte ihm jedoch Unbehagen: Am Morgen griff er die Idee nochmals auf, und schlug vor sie doch noch zu empfangen. ER wollte einen Waffenstillstand oder einen Friedensschluss erreichen. Macmillan, Alexander und Leeper stimmten ihn jedoch wieder um; das Beste was er für Griechenland tun könne, sei die Regentschaft bei Georg II. Durchzusetzen. Dchließlich entschied man sich, ein Kommuniqué zu veröffentlichen, das die Briten eindeutig auf die Regentschaft festlegte.[2] Vor seiner Abreise machte Churchill, der über den Mißerfolg seiner weiter gehenden Pläne enttäuscht war, einige ungehaltene Bemerkungen über die griechischen Politiker; wenn es ihnen nicht gelinge, eine zufriedenstellende demokratische Lösung zu finden, werde es notwenidh sei, Griechenland vorübergehend unter internationale Vorherrschaft zu stellen.[3] Danach flogen er und Eden nach Cazerta in Italien.

Die EA;-Führung wusste nicht, dass Churhcill Athen verlassen hatte und sandte am Nachmittag des 28. Dezemberein Memorandum an ihn, das von Partsalidis unterzeichnet war und deutlich die Linie zeigte, die die EAM bei den direkten Verhandlungen mit Churchill verfolgen wollte. Partsalidis sprach von der Hoffnung der EAM, dass durch den Besuch Churchills die Möglichkeit für die Beendigung der tragischen Situation bestehe. Auf der zweiten Sitzung der Konferenz habe die EAM vernünftige Vorschläge für eine Einigung vorgelegt; diese seien aber von den Vertretern der "alten Patien" aus opportunistischen Gründen abgelehnt worden. Diese Vertreter rechneten bei der Erreichungihrer Ziele mit den britischen Waffen; die Fortsetzung der Kämpfe sei durch nichts gerechtfertigt, zumal die EAM die Bedingungen Scobies akzeptiert und selbst Versöhnungsvorschläge unterbreitet habe. Das einzige Ziel der EAM sei es, die Feindseligkeiten zu beenden und zu normalen Zuständen zurückzukehren, die eine demokratische Entwicklumg in Übereinstimmung mit den Zielen der UNO sicherten. Die EAM hoffe auf seine Vermittlung.[4] Churchill konnte dieses Schreiben nicht mehr beantworten. Scobie ließ die EAM wissen, dass er bereit sei, unter den Bedingungen vom 12. Und 16. Dezember mit der ELAS zu verhandeln.[5] In Cazerta ließChurhill General Ismay wissen, dass er weitere Übel in Athen erwarte, daher sei die Situation rasch, d.h.in ein bis zweiWochen zu klären.[6]

Churchills Direktive an Ismay wurde befolgt. Am28. Dezember begannen die britischen Truppen mit einer Offensive a allen Fronten.Britische Trppen griffen von Faliron aus an. Die 3. Brigade stieß von Goudi nach Süden vor. Bis zur Jahreswende war die südliche Stadthäfte gesäubert. Die britischen Truppen wurden umgruppiert. Am 3. Januar griffen sie erneut an,

---

[1] Churchill, *Memoirs* XI, p. 282.

[2] Macmillan, *op.cit.*, , p. 631.

[3] McNeil, *op.cit.*, p. 188; EAM *Weißbuch*, p. 21

[4] EAM *Weißbuch*, p. 73; Byford-Jones, *op.cit.*, p. 240.

[5] Byford-Jones, *op.cit.*, p. 241

[6] Churchill, *Mepoirs XI*, p, 281.

diesmal in Richtung Norden. Die ELAS konnte diesen massierten Angriff regulärer Einheiten nicht iwderstehen und beschloss, sich aus Athen zurückzuziehen. In der Nacht vom 4. Auf den 5. Januar 1945 evakuierten die ELAS-Einheiten Athen.[1]

Gegenüber Roosevelt fasst Churchil seine Eindrücke wie folgt, zsammen: ER sei nun auch für die Regentsschaft, die von der Athener Konferenz und besonders von der EAM befürwortet worden sei. Der Erzbischof sei der geeignete Mann, Ruhe und Ordnung wiederherzustellen. Er werde deshalb nach england zurückkehren, um Druck auf den König auszuüben. Außerdem würde er es begrüßen, wenn der Präsidentselnst ein persönliches Telegramm in diesem Sinn an Georg II. Senden würde.Diese Regentschaft sollte längstens ein Jahr bzw. Bis nzum Plebiszit dauern. Die britischen Verluste seien sehr hoch, über 1.000 Mann. Es wäre ihm sher willkommen, wenn Roosevelt die Regentschaft unterstützen würde und man zu einem Waffenstillstand gelange. Es gebe keine andere Wahl.[2]

Wie kam es dazu, dass Churchill der Regentschaft von Damaskinos plötzlich zustimmte, obwohl er sich jahrelang dagegegen gesträubt hatte? Warum verhinderten Macmillan und Damaskinos ein weiter reichendes Ergebnis der Konferenz?

Was wir wissen ist die Tatsache, dass Damaskinos während der Besatzungszeit immer gegen die EAM und die KKE war.[3] Die Tatsache, dass Damaskinos Regentschaftskandidat war und vo der EAM unterstützt wurde, hatte ihn Churchill suspekt erscheinen lassen. Nach der ersten Unterredung änderte Churchill seine Meinung. Es ist wenig wahrscheinlich, dass Damaskinos imposante Erscheinung diesen Wandel in Churcills Auffassung bewirkte. Der Schlüssel zu Churchills Meinungsänderung ist der Antikommunimsus des Erzbischofs, den dieser gleich beim erstenZusammentreffen zum Ausdruck brachte.[4] Als Churchill außerdem versicherte, er werde eine Regierung ohne die Kommunisten bilden und Damaskinos ihm zustimmte, entschied sich Churchill endgültig für Damaskinos als Regenten. Macmillans Unterstützung der Regentschaft rührte keinesfalls von seiner Sympathie für EAM her, Macmillan konnte nur besser differenzieren. Wenig später schrieb er in sein Tagebuch:

11. January: On thinking over events in Greece. I ... feel that - in addition to the Communist plotters of KKE - the King of the Hellenes is the real villain of the piece. Far back at Cairo in the winter of 1943 he twisted and turned. Had he written a clear letter ... at that time., saying that he would not return until called by the vote of the people, this powerful weapon of anti-monarchical propaganda would not have been available to the extremeist and republicans.The King had been head of a party ... not of the State. ... The Venizelist tradition is similarly republican and pro-British. But the tragic side of this division is that it disunited the bourgois parties instead of letting them come together in opposition to Marxism and revolution. ... Zje issue of the second half of the twentieth century willnot be monarchism to republicanism, butaliberal and democratic way of life versus the 'proletariat dictatorship of the Left and the Police State.

Even after Alex and I got to Athens on 11 December, had the King immediately accepted our joint recommandation instead of wasting thre precious weeks in futile bargaining and intriguing. .. I think the Archbishop might have stopped the fighting at that early stage.At least he would have, by his mere existence as Regent prevented so large a rally of EAM/ELAS

---

[1] McNeill, *op.cit.*, p. 189

[2] Churchill, *Memoirs*, XI, p. 283c

[3] Pyromaglou, *Kartalis*, p. 494

[4] Churchill, *Memoirs*, XI, p. 277f.

supporters to the extreme leadership of Siantos and the Communist party."[1]

Er erkannte , dass sich eein großer Teil der Republikaner und Demokraten auf Seiten der EAM/ELAS befanden und dass nur die Regentschaft diese republikanische Front aufbrechen und die Republikaner von den Kommunisten trennen konnte. Er hoffte, die Kommunisten dadurch zu isolieren, das bürgerliche Lager zu einen und den den neuen Antagonimus: Demokratie- Kommunismus durchsichtig zu machen. Gegenüber den Kommunisten wollte er durchaus einen harten Kurs steuern. Die Regentschaft war in seinen Augen nur der Impuls, der die erstarrten politischen Fronten wieder in Bewegung bringen sollte.[2] Er hoffte, dass der Erzbischof zu Kristallisationspunkt aller nicht-kommunistischen Kräfte werden würde. Eine Verhandlung der EAM-Führer mit Churchill hätte seiner Meinung nach diesen Prozess verhindert. Er wusste, dass die EAM und die KKE kompromißbereit waren und mit großer Wahrscheinlichkeit mit Churchill zu einer Einigung gekommen wären. Aber damit wäre sein eigentlicher Plan der Polarisierung verhindert worden, d.h. die KKE wäre nicht als kommunistische isoliert worden. und hätte weiterhin , wie es ihm erschien, unter dem Deckmantel des Republikanismus Untergrundarbeit leisten können. Aber damit wäre sei eigentlicher Plan der Polarisierung verhindert worden, d.h. die KKEwäre nicht als kommunistisch isoliert worden, sondern hätte weierhin, wie es ihm erschien, unter dem Deckmantel des Republikanismus Untergrundarbeit leisten können. Aus diesem Grun verhinderte er diese Lösung. Sobald die Polarisierung erreicht wäre, hoffte er, dass sich das bürgerliche Lager in der Frage der Monarchie einigen werde.

Was Macmillan nicht sah, war der innere Zwiespalt der Bourgeoisie selbst. Seine Hoffnung, die 'demokratischen Kräfte' einen zu können, scheiterte daran, das es diese demokratischen Kräfte in der Bourgeoisie nicht gab. Sein Ziel, die EAM dadurch zu zerstören, dass er die demokratischen Elemente aus ihr herauslöste, um sie ins demokratische Lager zu führen, zerstörte diese demokratischen Kräfte..Er erreichte dadurch nur die Restauration der alten feudalen, oligarchischen Struktur des Landes. Eben diese Restauration ermöglichte es später den reaktionären Kräften, die zersplitterten demokratischen Gruppen zu unterdrücken. Macmillan zerstörte also die Demokratie, nicht die KKE; diese ging getreu ihrer revolutionären Tradition in den Untergrund. Die KKE wurde sogar für viele aufrechte Demokraten, die auf eine Demokratisierung der Gesellschaft Griechenlands nach dem Kriege gehofft hatten, zum Vorkämpfer der Demokratie.

Die Verhinderung einer versöhnlichen Lösung im Dezember 1944 eröffnete der KKE die Möglichkeit für die nächste Runde. Gleichzeitig verhalf Macmillan jener Minorität wieder zur Macht, die den 4. August und die Kollaboration getragen hatte.Die Chance für eine Demokratisierung der griechischen war damit endgültig verspielt. Zwar stemmte sich Macmillan in den folgenden Wochen gewissen, reaktionären, revanchistischen Tendenzen entgegen, aber er konnte nur Äußerlichkeiten beeinflussen, die als 'demokratische Feigenblätter' dienten. Die Entwicklung auf Grund seiner Fehleinschätzung von Weihnachten 1944 war irreversibel.

Inwieweit Churchill sich über die Konsequenzen seines Handelns im klaren war, ist nicht zu erkennen. Wenn wir jedoch die zur selben Zeit stattfindende 'Auflösung' der EDES und die britische 'Beihilfe' in Betracht ziehen, so liegt die Vermutung nahe, dass Churchill eben diese Restauration bewusst ansteuerte. Dieser Eindruck wird noch dadurch verstärkt, dass er die Absicht von Erzbischof Damaskinos begrüßte eine starke Regierung ohne die Kommunisten zu errichten. Hinzu kam seine Haltung in der Regentschaftsfrage: ER gab Georg II. -

[1] Harold Macmillan, *The Blast of War* (London: Macmillan, 1967), p.. 638f.

[2] *Ibidem*, p. 633.

um ihn zur Annahme der Regentschaft zu bewegen - bestimmte Garantien, beispielsweise, dass Damaskinos ständig mit Georg II. in Fühlung bleiben und seine Direktiven ausführen werde.[1]

Andererseits errangen die Republikaner von Plastiras einen Pyrrhussieg: Sie erreichten die Regentschaft undn übernahmen die Regierungsverantwortung. Ihr Kommunistenhass machte sie jedoch blind für die Machenschaften der Rechten.Plastiras spielte eine ähnliche Rolle wie Venizelos neun Monate zuvor. Man benützte seinen Antikommunismus und sein demokratisches Ansehen, weil man in dieser kritischen Situation einen geachteten Politiker an der Spitze des Staates braauchte. Als Plastiras seien Aufgabe (die Demobilisierung der Linken) erfüllt hatte und eigene demokratische Initiativen entwickelt, wurde er wie Venizelos gestürzt.

Ein Hinweis auf die britische Taktik, sich nicht mit der Linken zu versöhnen, indem man die Fortsetzung der Athenerr Konferenz torpedierte, findet sich auch in einem Bericht von MacVeagh.[2] Nach ihrer Rückkehr nach London berichteten Eden und Churchill de, War Cabinet. Dort erhieltChurchill vom amerikanischen Botschafter die Kopie eines Schreibens von Roosevelt an Georg II., in dem Roosevelt dem König empfahl, den Empfehlunegn für eine Regentschaft des Erzbischofs zu folge, und außerdem eine Erklärung über seine ferneren Absichten und ein bestimmtes Wahldatum abzugeben.[3] Churchill dankte dem Präsidenten und erklärte, er werde nun Druck auf Georg II. ausüben. Sollte dieser nicht nachgeben, werde die britische Regierung den Erzbischof auffordern, sein Amt trotzdem zu übernehmen; die britische Regierungwerde ihn und die von ihm gebildete Regierung anerkennen.[4]

In einem langen Gespräch am 29 Dezemberüberredeten Churchill und Eden schließlich Georg II., der Regentschaft zuzustimmen. Eden schrieb darüber: *"Der König versuchte mit aller Gewlt, das Wort Regent zu vermeiden. Außerdem versucht er, den satz, dass er nicht vor einem Plebiszit zurückkehren werde, zu modifieren. Ich mussste ihn schließlich daran erinnern, dass ich ein Jahr zuvor in KairoSchwierigkeiten in dieser Fragehatte aussräumen wollen und dass der damalige Fehlschlag zumindest zum Teil an den gegenwärtigen Schwierigkeitenmschuld war."*[5] Erst Churchills Drohug, wenn er nicht zustimme, werde man die Angelegenheit ohne ihn regeln, brachte Geor II zum Einlenken. Georg II. unterzeichnete endlich die Erklärung, deren Inhalt seit zwei Jahren von ihm gefordert worden war. Er erklärte, dass er nicht vor einem Plebiszit zurückkehren werde, dass er Erzbischof Damaskinos zum Regenten ernennen und diesen beauftragen werde, das Plabiszit abzuhalten, sobald wieder Ruhe herrsche.[6] Am 30. Dezember ernannte Georg II. Damaskinos zum Regenten. Damaskinos akzeptierte. Am 1. Januar richtete Damaskinos einen Appell zur Einheit an das griechische Volk.[7]

Am Nachmittag des Neujahrstages erschien eine EAM-Delegation unter der Führung von Zevgos bei Scobie. Die Delegation drängte Scobie, den Kämpfen ein Ende zu machen. Sie hätten Scobies Bedingungen akzeptiert. Als sie noch weitere Punkte ... mit Scobie diskutierten, ergriff dieser die Gelegnheit, die EAM darauf hinzuweisen, dass er bereitsei, die 3.

---

[1] *Ibidem*, p. 632

[2] FRUS 1944, V, p. 176f.

[3] *Ibidem*, p. 177

[4] Churchill, *Memoiren*, XI, p. 284

[5] Eden, *op.cit., p. 502*

[6] Churchill, *Memoiren*, XI, p. 284f.

[7] *Ibidem*, p. 285; aber auch jezt noch versuchte Georg II. zu intrigrieren. Woodward, *op.cit.*, p. 362

Brigade sofort nach dem Waffenstillstand in die Kasernen zrückzusenden; im übrigen sei die zukünftige Organisation der der Streitkräfte eine Angelegenheit der griechischen Regierung.[1] Damit erreichten die Verhandlungen wieder einen toten Punkt, denn die Regierung Plastiras war noch nicht gebildet. Der eigentliche Grrund war, dass Scobie seien Truppen für eine Offensive umgruppierte.die er für den 5. Januar angesetzt hatte. Scobie und Leeper hofften daran anschließend der EAM/ELAS ein Ultimatum stellen zu können. [2]

Die EAM-Delegierten wandten sich daraufhin an Damaskinos, doch dieser weigerte sich, sie zu empfangen und ließ sie nur in einem Schreiben wisen, dass er ihre Bereitschaft die Feindseligkeiten einzustellen, begrüße. Er stimme mit Scobie überein, dass die militärische Frage eine Angelegenheit der Regierungsei, aber inzwischen könnten die Rebellen die Feindseligkeiten einstellen.[3] Am 3. Januar bildete Plastiras die neue Regierung. Er selbst übernahm die drei Streitkräfteministerien und das Handelsministerium. Sofianopoulos (Agrarpartei) wurde Außen- undInformationsminister; Sideris (Liberaler) erhielt das Finanz- und Versorgungsministerium; die demokratischen Republikan Kolyvas und Periklis Rallis, Glavanis (Liberaler) und General Sakellaropoulos wurden Minister der Justiz, Wohlfahrt, Gesundheit, des Inneren und für Erziehung, Landwirtschaft, Wirtschaft und schließlich Verkehr und Transport.[4] Dieses Kabinett war zwar überwiegend republikanisch aber vor allem antikommunistisch. Am gleichen Tag sandte die EAM ein Memorandum an Damaskinos, in dem sie ihre Bereitschaft zu Verhandlungen unterstrich; er werde gebeten, die EAM sofort zur Entsendung von Delegierten aufzufordern; damit man den Krieg beenden könne.[5]

Inzwischen hatte der britische Angriffsdruck auf die nördlichen Stadtviertel zugenommen.und die ELAS wurde hart bedrängt. Einerseits kollte die ELAS nicht länger widerstehen und wollte auch der Bevölkerung unnötige Opfer ersparen und wollte andererseits vermutlich auch ihre Bereitschaft zu Verhandlungen mit Scobie dokumentieren, indem sie als Vorleistung eine seiner Bedingungen erfüllte;[6] sie befahl daher den Rückzug aus Athen. Die veränderte militärische Lage nützten die Briten aus. Macmillan änderte seine Meinung: Die ELAS müsse sich wesentlich weiter zurückziehen als bisher geplant.[7]Macmillan veröffentliche ein Kommunique: Es gebe jetzt einen Regenten und eine neue Regierung. Die Gefahr eines Staatsstreiches durch die Rechte sei gebannt. Hinzukomme, dass beide Seiten Kriegsgefangene gemacht hätten und die ELAS sich weigere, dem IRK Zutritt zu ihren Lagern zu gewähren.. Ein Waffenstillstand müsse diese Fakten berücksichtigen.[8] In den nächsten Tagen arbeiteten Alexander, Macmillan, Leeper und Scobie die neuen Bedingungen aus. Die ELAS müsse die Peloponnes, Böotien und Attika räumen. Leeper forderten sogar einen Rückzug bis Lamia und Volos.[9]

Am 10 Januar kamen die Delegierten der EAM: Zevgos, Partsalidis, makris und Athinellis. Am 11 Januar wurde der Waffenstillstand unterzeichnet, der den fünfwöchigen Kampf um

---

[1] Macmillan, *op.cit,* p. 632; Byford-Jones*, op.cit*, p. 245; Leeper, *op.cit*., p. 128

[2] Macmillan, *op.cit.,* p. 634

[3] Byford-Jones, *op.cit*., p. 245

[4] *Ibidem*, p. 246

[5] EAM *Weißbuch*, p.79.

[6] *Ibidem*, p. 80.

[7] Macmillan, *op.cit.,* p. 635f.

[8] Byford-Jones, *op.cit.,* p. 251; Macmillan, *op.cit.*;, p. 636; Leeper, *op,cit.*, p. 129

[9] Macmillan, *op.cit.,* p. 637

Athen beendete. Athen, das den Krieg weitgehend unzerstört überstanden hatte, war weitgehend zerstört. Die Briten hatten über zweitausend Mann Verluste; auf der ELAS-Seiten waren über zehntausend Verwundete und Tote zu verzeichnen. Der Waffenstillstannd enthielt alle Bedingungen, die Macmillan und Leeper ausgearbeitet hatten. Die ELAS akzeptierte den Rückzug hinter eine Linie nördlich und westlich von Itea über Amfissa - Lamia - Domokos - Farsala nach Volos. Auf der Peloponnes sollte sich die ELAS nach Süden hinter eine Lienie von Pyrgos nach Argos zurückziehen. Sogar der Austausch von Kriegsgefangenen wurde vereinbart.[1] Einzig in der Frage der Geiseln war die EAM nicht kompromißbereit.[2] Die Weigerung der ELAS, ihre aus Athen mitgenommenen Geisln herauszugeben, sollte sich als schwerwiegender Fehler erweisen, lieferte dies doch der britischen Propaganda Material gegen die EAM.

Macmillan notierte in sein Tagebuch: *"ELAS have retained the Greek hostages. I am sorry for the people ... it will prove a useful weapon for us. It damages ELAS politically at home and it should enable us to persuade the Greek Government of the necessity of a general amnesty."*[3]

Am 16. Januar kamen Alexander und Macmillan wieder nach Athen, um die Friedensbedingungen festzulegen. Im Hinblick auf die Weltöffentlichkeit sollte eine versöhnliche Lösung gefunden werden, und die britischen militärischen Verpflichtungen sollten auf ein Minimum reduziert werden. Auf dem politischen Sektor sollte eine Lösung gefunden werden, die die griechische Öffentlichkeit akzeptieren werde. Die Verhandlungen sollten Anfang Februat 1945 zwischen der griechischen Regierung und der EAM/ELAS im Athener Vorort Varkiza geführt werden. Die Vertreter der Regierungsseite waren: Ioannis Sofiaaopoulos, Periklis Rallis und Ioannis Makropoulos. Die EAM wurde durch Georgios Siantos, Dimitrios Partsalidis und Ilias Tsirimokos vertreten. Damaskinos übernahm der Vorsitz der Verhandlungssitzungen.

Der Friedensvertrag von Varkiza

Die Verhandlungen fanden in einer Villa im Ferienort Varkiza am Meer statt. Am 12. Februar 1945 wurden die IX Artikel des Vertrags von allen Anwesenden unterzeichnet. Die neun Artikel des Vertrages behandelten alle kritischen Punkte, die in den Unruhen im Dezember und zuvor entstanden waren.

Artikel I befasste sich mit den Freiheiten. Darin hieß es, dass die Regierung in Übereinstimmung mit der Verfassung und den allgemein anerkannten demokratischen Prinzipien den freien Ausdruck der politischen Meinung der Bürger sicherstellen, indem sie jedes bestehende, diese Freheiten einschränkende Gesetz aufhebt. Sie wird weiter die uneingeschränkte Ausübung der individuellllen Freiheiten (Versammlungsfreiheiten, Koalitionsfreit und Pressefreiheit) sichern. Insbesondere wird die Regierung die Freiheit derGewerkschaften voll wiederherstellen.[4]

Artikel II verfügte die Aufhebung des Kriegsrechtes, das sofort nach der Unterzeichnung des Vertrages aufgehoben wird. Parallel wird ein Gesetz in Kraft treten, das in jeder Hinsicht bestimmte Artikel der Verfassung suspendieren, wie Unverletzlichkeit der Person, Versammlungsfreiheit, Koalitionsfreiheit, Unverletzbarkeit der Wohung, Versammlungsfreiheit, Koalitionsfreiheit, Pressefreiheit, Briefgeheimnis, Bestrafung politischer Vergehen. Festgenommene

---

[1] EAM Weißbuch, p. 81; Sarafis, *op.cit.*, p. 529.

[2] Macmillan, *op.cit.*, p. 637.

[3] *Ibidem*, p. 640

[4] Heinz A. Richter, *Griechenland zwischen Revolution und Konterrevolution*, p. 602 Anhang 3

dürfen bald freugelassen werden. EAM-Anhänger, die von anderen Organisationen festgenommen wurde, werden balmöglichts freigelasssen.

Artikel III erließ eine Amnestie für Vergehen im Dezember 1944 und bis zum Datum des Friedensvertrags. Ausgenommen davon sind Mord und Eigentumsdelikte, die im Zusammenhang mit den entsprechenden vergehen nicht unbedingt notwendig waren. Die Amnestie gilt nicht für EAM-Angehörige, die ihre Waffen nicht bis zum 15. März abgeliefert haben.

Artikel IV verfügte, dass alle von der ELAS festgenommenen Geiseln sofort freizulassen seien

Artikel V beschrieb die neue Armee. Nur Berufsoffiziere und Berufsunteroffiziere sollten übernommen werden. Alle anderen Soldaten sollten aus den entsprechenden Jahrgängen genommen werden. Alle jetzigen Soldaten, die in den neuen Kriegsmethoden ausgebildet waren, sollten weiterhin Dienst tun, solange sie benötigt werden. Die 'Heilige Kompanie' solle weiterbestehen, solange sie dem direkten Befehl des alliierten Oberkommandos unterstehe. Danbach werde sie sofort der neuen Armee eingegliedert. Die reguläre Einbeufung solle in ganz Griechenland stattfinden entsprechend den örtlichen Gegebenheiten. Nach der Demobilisierung der ELAS werden die Partiusanen, die Einberufungsjahrgängen gehören, dort aufgenommen, solche die keinem Eiinberufungsjahrgang angehören, werden entlassen. Das Gesamtpersonal der neuen Armee wird gemäß Artikel 7 der Verfassung durch Sonderkommissionen überprüft.

Artikel VI bestimmte, dass sofort nach der Veröffenlichung dieses Vertrages werden die Streitkräfte der Resistance, besonders die ELAS und die Reserve-ELASentlassen und die Waffenniederlegung wird kontrolliert, wie der Vertrag dies vorsieht. Alle durch die ELAS requirierten Güter werden dem Staat übergeben und von diesem als durch den Staat requirierte Güter betrachtet.

Artikel VII verfügte die Säuberung des öffenlichen Dienstes durch Sonderkommissionen , d.h aller öffentlichen Ämter der staatlichen Verwaltung sollen überprüft werden. Außer der Überprüfung seiner fachlichen Kompetenz soll jeder Angehörige des öffentlichen Dienstes überprüft werden, ob er sie kollaboriert habe. Resistanceangehörige kehren auf ihren Arbeitsplatz zurück, wo sie übeerprüft werden. Die Sonderkommissionen können Bedienstete auf der Grundlage der Gesetze überprüfen. Und im Zweifelsfall suspendiert werden. Die endgültige Entscheidung wird bei der neuen Regierung liegen. Kein Bediensteter darf allein auf Grund seiner plitischen Einstellung entlassen werden.

Artikel VIII verfügte, dass alle Angehörigen der Sicherheitsbataillone, Gendarmerie und Polizei durch Sonderkommissionen überprüft werden. Alle Offizieree und Mannschaften, die unter die Bestimmung der Amnestie fallen, kehren auf ihre Posten zurück und werden und werden wie alle Angehörigen des öffentlichen Dienstes von Sonderkommissionen überprüft.. Diese werden von der neuen Regierung nach den Wahlen gebildet und diese entscheiden über den Verbleib im öffentlichen Dienst oder nicht.

Artiel IX verfügte, dass zum frühstmöglichen Zeitpunkt das Plebiszit abgehalten wird, dessen Ergebnis über die endgültige Staatsform entscheiden wird. Die Parteien unterwerfen sich dem Ergebnis der Wahlen. Alle Parteien unterwerfen sich dem Ergebnis des Plebiszits. Anschließend finden Wahlen zur konstituierenden Versammlung statt, die dem Land eine neue Verfassung geben wird. Die Vertreter der Parteien stimmen zu, dass die die Wahlen durch Vertreter der großen Mächte überwacht werden.

Von diesem Vertrag wurden zwei Ausfertigungen gemacht von denen eine der EAM übergeben wurde.

Botschafter Leeper war vom Varkiza-Vertrag sehr angetan. Am 12. Februar telegraphierte er ans Foreign Offcie. *"The signing of the agreement is a victory for the forces of moderation.*

The Government will be attacked by the Right and Siantos will be equally have difficulties with his own people when he returns but the average person, both here and in the rest of Greece, will be relieved and thankful." Dann folgte eine Passage, die vom Inhalt her für Leeper ziemlich ungewöhnlich war: *"The Greeks of the beaten party will have more confidence in us tomorow than they ever had before. Without us and the gurantee which our presence here affords, they would never have come to terms with their Greek opponents,.We therefore have all the heavier responsibility towards Greece because of our success here, which above all things must be regarded as a moral success. I suggest thereforethat this agreement should be treatednot as a victory for either side in Greece or for the British, but as a victory for Greece. Sophianopoulos and Siantos in their speeches after the signing'of the provisional agreement struck this note in their concluding words 'long live Greece' Greeks in their present battered state realsing too with a shock of their selfesteem how dapendent they are on us, will appreciate it enormously with their lively but sensitive intelligence if we hail this agrement in the same words: 'Long live Greece.'"*[1]

Leeper hatte also begriffen, das der Vertrag positiv für Griechenland war. Zugleich war ihm aber klar, dass Großbritannien eine große Verantwortung trug. Er erkannte weiter, dass die griechische Rechte die Regierung und die Linken angreifen werde, Er sah also ziemlich genau die tatsächliche Entwicklung der nun folgenden Jahres voraus, die zum Bürgerkrieg führten. Es ist nur erstaunlich, dass er nicht intervenierte. Ich habe diese Entwicklung in einem umfangreichen Buch beschrieben, das 1986 erschien.[2] Die anschließende Geschichte der Bürgerkriegs wurde später untersucht und erschien 2012.[3]

Die Provokation vom 3. Dezember leß die EAM blind in die gestellte Falle laufen, und selbst als sich die EAM mit der Intervention konfrontiert sah, machte sie nur halbherzige Versuche, diese abzuwehren. Anstatt den Kampf mit allen zur Verfühung stehenden Kräften aufzunehmen, taktierte die EAM-Führung weiter und verkanntee die Entschlossenheit der anderen Seite. Die Unterzeichnung des Vertrages von Varkize bedeutete die Kapitulation der EAM.

Mit Varkiza war der Kampf um die Demokratie in Griechenland verloren. Alle späteren Aktivitäten sind nur noch Rückzugsgefechte. Die Demokratie verlor den Kampf gegen die oligarchischen, reaktionären Kräfte der nun einsetzenden Konterrevolution. Die Fehler der EAM- und besonders der KKE-Führer zerstörten die dynamische, demokratische Erneuerung der griechischen Gesellschaft durch die Resistance. Eine Erklärung für diese Fehler der Führungskader der Linken ist ihr geringes politisches Selbstbewusstsein und ihre Unfähigkeit, eigene Entschlüsse zu fassen, um sich wie Tito von dem von Moskau vorgeschriebenen Revolutionsfahrplan zu trennen und eigene Initiativen zu entwickeln. Die Fehler der EAM und KKE-Führung, die eine vereinigte Front der progressiven, republikanischen, demokratischen Kräfte verhinderten, führten zur Restauration der Vorkriegsgesellschaft; binnen eines Jahres übernahm die Rechte wieder die Macht im Staat und unterdrückte alle Versuche einer Demokratisierung der griechischen Gesellschaft.[4]

---

[1] Leeper to Foreign Office 12th February 1945 (R3053/4/19)

[2] Heinz Richter, *British Intervention in Greece from Varkiza to Civil War February 1945 to August 1946* (London: Merlin Press, 1985), 573 Seiten

[3] Idem, *Griechenland 1940-1950. Die Zeit der Bürgerkriege* (Ruhpolding: Rutzen, 2012) 548 Seiten = Pelus 59;

[4] Richter, *Revolution*, p. 585

Bibliographie

A

Alexander of Tunis,, Field Marshal Earl *The Aleander Memoirs 1940-1945* (London, 1985),

B

Baerentzen, Lars "Anglo-German Negotiations during the German Retreat from Greece in 1944" *Scandinavian Studies in Modern Greek"* 4 (1980)

Byford Jones W. *The Greek Trilogy* (London, 1945)

C

Winston S. Churchill, *The Second Worl War*, vol VI, *Triumph and Tragedy* (London: Cassell, 1954),

Clive, Nigel *A Greek Experience 1943-1948* (Salisbury:Michael Russell, 1985),

D

Dahms. Hellmuth Günther *Geschichte des Zweiten Weltkriegs* (Tübingen; Wunderlich Verlag, 1965)

E

EAM *Weißbuch*

F

Fall 7, *Dok. Buch III, Felmy, Affidavit Escher*

Fleischer, Hagen *Im Kreuzschatten der Mächte Griechenland 1941-1944* (Franfurt: Peter Lang, 1986),

Foot, Michael *Aneurin Bevan: A Biography* (London,1962),

Foreign Relations of the United States 1944 = FRUS

G

Glinos, Dimitrios "Was ist und was will die Nationale Befreiungsfront" in: *HANW*, Nr. 2-3, (Arhen, 1958)

H

Hampe, Roland *Die Rettung Athens im Oktober 1944* (Wiesbaden: Franz Steiner Verlag, 1951)

Hart, Liddell *Geschichte des Zweiten Weltkriges* (Gütersloh: Reinhard Mohn, 1972),

Haupt, Werner *Heeresgruppe Mitte. Der Kampf im Mittelabschnitt der Ostfront 1944-1945* (Egolsheim: Dörfler Verlag, 2010).

Hinze,Rolf *Der Zusammenbruch der Heeresgrppe Mitte im Osten 1944* (Stuttgart: Motorbuch Verlag, 1994);

K

Kastrinos, A. "Volksjustiz und Selbstverwaltung im freien Griechenland 1941-1945", in: HB Nr. 1 (August 1963)

Kessel, Dimitri *Ellada tou 44* (Athen: Ammas, 1994)

L
Leeper, Reginald *When Greek meets Greek* (London, 1950)

M
Macmillan, Harold *The Blast of War* (London, 1962)
McNeill, William Hardy *The Greek Dilemma* (New York, 1847)

P
Papakonstantinou, Th. *Die Anatomie der Revolution* (Athen, 1952).
Papandreou, Georgios *I apeleftherosi tis Ellados* (Athen, 1945),
Pyromaglou, Komninos *O Georgios Kartalis kai I epochi tou,* (Athina, 1965)

R
Richter, Heinz *Griechenland zwischen Revolution und Konterrevolution* (Frankfurt: EVA, 1971)
- "Lanz, Zervas, the BLOs and the Evacuation of Epirus", in Idem, *Greece 1936-1946. Events and People* (Wiesbaden: Harrassowitz, 2019), pp. 137-163
-, *Greece 1936-1946. Events and People* (Wiesbaden: Harrassowitz, 2019)
-, *British Intervention in Greece from Varkiza to Civil War February 1945 to August 1946* (London: Merlin Press, 1985)
-, *Griechenland 1940-1950. Die Zeit der Bürgerkriege* (Ruhpolding: Rutzen, 2012)
Roosevelt, Elliot *As he saw it (*New York, 1946),

S
Sarafis, Stefanos *In den Bergen von Hellas* (Berlin, Ost: 1964),
Speer, Albert *Erinnerungen* (Frankfurt: Ullstein, 1969)
Stavrianos, Leften *Greece: American Dilemma and Opportunity* (Chicago, 1952)
Idem, "The Greek National Liberation Front EAM): A Study in Resistance Organisation and Administration", in: *Journal of Modern History*, 24 (1952,)

W
Woodhouse, C. M. *Britain and Greece, Proceedings of a Conference on Britain and European Resistance* (Oxford, 1962)
-, *Apple of Discord*, (London 1948)
Woodward, Llewellyn *British Foreign Policy* (London, 1963)

X-Z
Zaloga, Steven *Bagration 1944. The Destruction of Army Group Centre* (London: Osprey Publishing, 1996);
Zepos, Dimitrios *Volksjustiz in den befreiten Gebieten des besetzten Griechenlands* (Athen, 1945),

Namensindex